गीता प्रवाह - काव्य रूप

अरुण कुमार कपूर

notionpress.com

INDIA • SINGAPORE • MALAYSIA

ISBN

Hardcase 979-8-89133-837-1
Paperback 979-8-89133-810-4

अंतर्वस्तु

लेखक की ओर से

श्रीमती मृदुला धामी वायु सेना के मेरे एक साथी, ग्रुप कैप्टेन विमल धामी की धर्मपत्नी हैं। सन 2017 में श्रीमती मृदुला धामी ने मुझे श्री दिल मुहम्मद द्वारा लिखित उर्दू गीता पुस्तक भेंट की। उनका हार्दिक धन्यवाद। इस गीता में श्री दिल मुहम्मद ने गीता के हर श्लोक पर उर्दू शब्दों में शायरी लिखी है जिसे उन्होनें पुस्तक में देवनागरी लिपि में प्रस्तुत किया है। उनकी पुस्तक पढ़कर विश्वास जगा कि यदि गीता उर्दू भाषा के क्लिष्ट शेरों में कही जा सकती है तो इसे सरल हिंदी में काव्य रूप में भी प्रस्तुत किया जा सकता है, ताकि सभी साधक इससे पूरा लाभ उठा सकें। आप जिस 'गीता प्रवाह -काव्य रूप' को पढ़ रहे हैं, इसकी प्रेरणा श्री दिल मुहम्मद द्वारा लिखित गीता से ही मिली है, तथा इस पुस्तक का आधार स्वामी रामसुखदास जी द्वारा रचित, 'श्रीमद्भागवद गीता - साधक संजीवनी' है। गीता के पाठकों तथा साधकों के लिए रोचक तथा सरल भाषा में गीता संदेश प्रस्तुत करने के उद्देश्य से इस पुस्तक की रचना की गयी है।

मनुष्य संसार में खाली हाथ आता है और उसे भली प्रकार ज्ञात होता है कि जाना भी खाली हाथ ही है। फिर भी अज्ञानवश वह कामनाओं के वशीभूत होकर संसार से जुड़ जाता है और संग्रह तथा स्वार्थलाभ में व्यस्त रहता है। चाहता है कि वह सदा जीवित रहे और सदा सुखी रहे। लाभ ही लाभ हो तथा कोई दु:खद परिस्थिति आए ही नहीं। अपने अविनाशी रूप को भुलाकर वह नाशवान की कामना करने लगता है। भूल जाता है कि जो कामनाएं वह कर रहा है उन्हें देने का सामर्थ्य संसार के पास है ही नहीं। यही उसके पतन का कारण बन जाता

है। आज यह आवश्यक हो गया है कि गीता का सन्देश हर व्यक्ति तक पहुंचे क्योंकि अपने उद्धार के लिए हर व्यक्ति को स्वयं ही प्रयास करना होगा।

आशा है कि श्रीमद्भागवद गीता के अठारह अध्यायों में संग्रहित भगवान् श्रीकृष्ण के दैवी संदेश को सरल भाषा में काव्यरूप में प्रस्तुत करने का यह प्रयास साधकों के लिए उपयोगी होगा, अधिक से अधिक पाठक इसे पढ़ कर इससे लाभ लेंगे और यह रचना अपने उद्देश्य में सफल होगी।

– अरुण कुमार कपूर

यह पुस्तक मेरे आदरणीय पिताजी (स्व०) श्री हंस राज कपूर एवं आदरणीय माताजी (स्व०) श्रीमती विमला रानी कपूर को समर्पित है। उनके आशीर्वाद के बिना यह प्रयास संभव नहीं था।

पहला अध्याय

पांडवों ने बारह वर्ष वनवास और एक वर्ष अज्ञातवास पूरा करने के पश्चात जब आधा राज्य माँगा तो दुर्योधन ने आधा राज्य तो क्या सुई की नोक के बराबर भूमि देने से भी मना कर दिया। श्री कृष्ण द्वारा किये गए शांति प्रयास को दुर्योधन ने न केवल नकार दिया बल्कि उसने अहंकार और मूर्खतावश भगवान् को बंदी बनाने का भी प्रयास किया। इस प्रकार युद्ध निश्चित हो गया और दोनों सेनाएं कुरुक्षेत्र में आमने सामने खड़ी हो गयी।

वन भटके बारह बरस, एक बरस अज्ञात।
आधा राज्य न मिल सका, हुई युद्ध की बात।।

युद्ध टालने कृष्ण चले, लिए शांति की आस।
दुर्योधन जिद पर अड़ा, असफल शांति प्रयास।।

महर्षि वेदव्यास ने नेत्रहीन धृतराष्ट्र से कहा कि यदि युद्ध देखना हो तो वे उन्हें दिव्य दृष्टि प्रदान कर सकते हैं। धृतराष्ट्र के मना करने पर उन्होंने संजय को दिव्यदृष्टि प्रदान की ताकि वे धृतराष्ट्र को युद्ध का आँखों देखा हाल सुना सकें। धृतराष्ट्र ने संजय को युद्ध का वर्णन करने का आदेश दिया।

संजय तुम एकाग्र चित्त हो, युद्ध क्षेत्र में ध्यान लगाओ।
मेरे और पाण्डु पुत्रों में, युद्ध का पूरा हाल सुनाओ।।

अपने पुत्रों तथा अपने अनुज पाण्डु के पुत्रों के विषय में इस कथन से धृतराष्ट्र ने अपने और पाण्डु के पुत्रों में अंतर और पक्षपात के भाव प्रकट कर दिए। अब संजय ने युद्ध स्थल का वर्णन आरम्भ किया।

सेनाएं सज्जित हुईं, है रण भूमि विशाल।
दिव्य दृष्टि संजय मिली, कहे युद्ध का हाल।।

वीर सुसज्जित पांडव सेना, रक्षा स्वयं केशव करें।
व्यूह की रचना भयंकर, देख कर ही भय लगे।।

दुर्योधन ने पांडवों की शक्ति जानने के लिए पांडव सेना का अवलोकन करने का निर्णय लिया। शीघ्र ही उसे समझ आ गया पांडव सेना अनेक तेजस्वी योद्धाओं से सुसज्जित थी और उस पर विजय पाना कठिन होगा। दुर्योधन चिंतित हो उठा।

देख धनुर्धर अर्जुन सा, और भीम जैसा बलवान।
कौरव पक्ष की दुर्बलता का, उसे वहीं हो गया भान।।

दिखे अनेकों पांडव योद्धा, दुर्योधन का मन घबराया।
युद्ध को तत्पर हैं पांडव, गुरु द्रोण को जा बतलाया।।

यद्यपि भीष्म कौरव सेना का नेतृत्व कर रहे थे, फिर भी दुर्योधन गुरु द्रोण के पास गया। उसे लगता था कि गुरु द्रोण को युद्ध के लिए उकसाना सरल होगा। उसने द्रुपद और धृष्टद्युम्न के विषय में बताया जिन्होंने गुरु द्रोण का वध करने का संकल्प किया हुआ था। चेताने के उद्देश्य से उसने गुरु द्रोण को विरोधियों की शक्ति के विषय में भी बताया। उसने अर्जुन तथा भीम जैसे शक्तिशाली योद्धाओं और सात्यकि, राजा द्रुपद, चेकितान, काशिराज, पुरुजित, कुन्तिभोज, युधामन्यु, उत्तमौजा, अभिमन्यु तथा द्रौपदी के पांचों पुत्रों का नाम लिया। इसके पश्चात् अपनी घबराहट दूर करने के लिए दुर्योधन ने अपनी सेना का भी आंकलन किया।

भयभीत हो चला दुर्योधन, मन में करने लगा विलाप।
गिनता अपने योद्धाओं को, कम करने अपना संताप।।

द्रोण भीष्म और कृपाचार्य, कर्ण और अश्वत्थामा।
विश्वास जगा उसके मन में, दिल उसने अपना थामा।।

मेरे पक्ष में अतुलित योद्धा, और खड़े हैं वीर अनेक।
विजय शत्रु पर पा जायेंगे, कौरव योद्धा एक से एक।।

अधर्म की राह पर होने के कारण दुर्योधन की मनस्थिति लगातार बदल रही थी और वह रह रह कर आत्मविश्वास तथा पराजय की आशंका के बीच डोल रहा था।

मौन ही रहे गुरु द्रोण जब, दुर्योधन मन में घबराया।
देखी फिर पांडव सेना तो, दिखा पराजय का साया।।

विजय कामना ग्रसित अधर्मी, आशंकाओं में घिर गया।
पांडव सेना देख के उसका, पुनः मनोबल गिर गया।।

अर्जुन ने अस्त्र-शस्त्रों से सुसज्जित नारायणी सेना को त्याग कर निःशस्त्र नारायण को चुना था जबकि दुर्योधन निःशस्त्र भगवान् को छोड़कर नारायणी सेना के प्राप्त होने पर अत्यंत प्रसन्न हुआ था। अर्जुन की दृष्टि भगवान् पर और दुर्योधन की दृष्टि वैभव पर थी। इसी कारण दुर्योधन की मनःस्थिति कमजोर थी।

त्याग प्रभु लेकर के सेना, मूर्ख पराजय वर लाया।
पार्थ चुन सखा केशव को, जीत सुनिश्चित कर आया।।

सेना का उत्साह बढ़ाने, भीष्म ने अपना शंख बजाया।
कई ढोल नगाड़े बज उट्ठे, ध्वनि सुन दुर्योधन मुस्काया।।

उत्साह देखकर सेना का, दुर्योधन बहुत प्रसन्न हुआ।
मन चहका चेहरा खिला, चित्त विजय आसन्न हुआ।।

धृतराष्ट्र के आदेशानुसार संजय द्वारा अब तक कौरवों ने जो किया था, उसका वर्णन किया गया था। अब संजय पांडवों के विषय में बतलाते हैं। कौरवों के शंखनाद तथा ढोल नगाड़ों के पश्चात् श्री कृष्ण ने पाञ्चजन्य, अर्जुन ने देवदत्त, भीम ने पौंड्रक, युधिष्ठिर ने अनंतविजय, नकुल ने सुघोष तथा सहदेव ने मणिपुष्पक नामक शंख बजाये।

पांचजन्य केशव का बोला, देवदत्त अर्जुन गर्जाया।
पांडव युद्ध को तत्पर हैं, कौरव सेना को बतलाया।।

सभी पांडवों ने उस पर फिर, अपना अपना शंख बजाया।
शंख बजे फिर अन्य सभी के, ध्वनि से युद्ध क्षेत्र थर्राया।।

उत्साही देख पांडव सेना, दुर्योधन हताश हो बैठ गया।
शंख नगाड़ों के गर्जन से, उसके मन में भय पैठ गया।।

सज्ज खड़ी थीं दोनों सेना, वातावरण था गरमाया।
आतुर होते सारे योद्धा, युद्ध समय निकट आया।।

संकट की उस बेला में था, दुर्योधन पर भय का साया।
और गांडीव उठा के अर्जुन, लड़ने को तत्पर हो आया।।

अब संजय ने श्रीमद्भागवद गीता के प्रकट होने का प्रसंग आरम्भ किया। युद्ध के उत्साह का वातावरण देखकर अर्जुन ने वीरता के भाव से अपना गांडीव धनुष उठा लिया। लेकिन युद्ध आरम्भ करने से पहले शत्रु की क्षमता आंकना आवश्यक समझा।

सामर्थ्य आंकने शत्रु का, अर्जुन प्रभु से कर बद्ध हुआ।
जहां देख सके दोनों सेना, वहां जाने का अनुरोध किया।।

जानूं तो मैं कौन से योद्धा, शत्रु पक्ष में आज खड़े।
कौरव पक्ष से लड़ने को, जो युद्ध क्षेत्र में आन पड़े।।

केशव ने जब वचन सुने, अपना रथ आगे बढ़ा दिया।
दोनों सज्जित सेनाओं के, मध्य में लाकर खड़ा किया।।

पार्थ देख लो शत्रु अपने, जो अधर्म के साथ खड़े।
युद्ध तुम्हारा इनसे होगा, नाम हैं इनके बड़े बड़े।।

पार्थ ने देखा वहां खड़े थे, छोटे और बड़े परिजन।
देख पितामह और गुरु को, भारी हो गया उसका मन।।

अपने प्रियजनों को युद्ध के लिए प्रस्तुत देख अर्जुन कायरतापूर्वक विषाद करने लगा और युद्ध से बचने के लिए तरह तरह के बहाने लगाने लगा।

प्रेमादर के सब अधिकारी, शत्रु बन कैसे खड़े।
दृश्य देख वह भ्रमित हुआ, वध इनका कैसे करे।।

मोह बढ़ा ममता जगी, भूल गया सारे अन्याय।
ये सारे तो मेरे अपने, इनपर क्रोध भी कैसे आय।।

बढ़ा था आगे वीर बांकुरा, मोह माया के जाल में अटका।
धीर वीर योद्धा भी देखो, लक्ष्य से अपने कैसा भटका।।

शिथिल हो गए अंग पार्थ के, वाणी में कंपन गहराया।
छूट चला गांडीव हाथ से, महाबली संकट में आया।।

भीगा बदन पसीने से, शंकाओं में मन घिरा।
ग्रसित हो गया कायरता से, अभी गिरा कि तभी गिरा।।

मान इसे भारी अपशकुन, वह क्रंदन करने लगा।
छिन्न हुआ उत्साह पार्थ का, मन में भय उठने लगा।।

दोनों ओर के योद्धाओं में परिजन, सहपाठी तथा मित्रों को देखकर और उनके वध की सम्भावना के भय से अर्जुन के मन में युद्ध का उत्साह धूमिल होने लगा और वह मोहवश युद्ध से बचने के बहाने ढूंढने लगा।

दे दलीलें व्यर्थ की, अज्ञान दिखलाने लगा।
युद्ध से बचना भला, केशव को समझाने लगा।।

इस युद्ध के कारण केशव, अपनों का ही वध होगा।
कुलनाशक का दोष लिए, नर्क गमन निश्चित होगा।।

लोभ त्याग जीवन का आए, सब सम्बन्धी और सखा।
मिलता जो परिजन के वध से, ऐसे राज में है क्या रखा।।

चाहे वार करें ये सम्बन्धी, मुझ से वार नहीं होगा।
यदि राज्य मिले पृथ्वी का भी, उनका संहार नहीं होगा।।

सम्बन्धियों तथा मित्रो की संभावित मृत्यु की दलील का श्री कृष्ण पर कोई प्रभाव न होते देखकर अर्जुन नए बहाने बनाने लगा ताकि वह इस युद्ध का भागी न बने।

ना दंडपात्र ना अत्याचारी, प्रेम के सब अधिकारी हैं।
इनका वध होगा दोष बड़ा, यह दोष बहुत ही भारी है।।

हिंसा भी तो पाप भयंकर, क्यों हम ऐसा पाप करें।
उत्तम है सम्बन्ध तोड़ना, क्यों पीछे संताप करें।।

दुर्योधन तो अविवेकी है, पाप मार्ग पर वो है चला।
हम हैं विवेकी बुद्धिमान, पाप नहीं करना ही भला।।

कुल के नाश को उत्सुक कौरव, दोष नहीं पहचानते हैं।
हमें ज्ञात सब कुछ है केशव, हम इस पाप को जानते हैं।।

इस युद्ध में इन सेनाओं के, सब वीर पुरुष मर जाएंगे।
कुलधर्म का पालन ना होगा, और वर्ण दोष बढ़ जाएंगे।।

कुलधर्म क्षीण जब हो जाए, जाति धर्म हो जाता भ्रष्ट।
बिखरे समाज का तानाबाना, पितरों को होता है कष्ट।।

दीर्घ समय ना मुक्ति मिले, नर्क के वासी बनते हैं।
धर्मभ्रष्ट और वर्ण के दोषी, कुल का नाश ही करते हैं।।

उत्तम हो यदि यही कुटुम्बी, मुक्त करें मेरा वध कर।
मुझे बचा लें पापकर्म से, बड़ी कृपा होगी मुझ पर।।

कहकर ऐसे वचन पार्थ ने, अपना निश्चय बता दिया।
अस्त्र त्यागे शस्त्र त्यागे, चित्त युद्ध से हटा लिया।।

दूसरा अध्याय

श्री कृष्ण समझ गए कि युद्ध के अवसर पर शूरवीरता और उत्साह के स्थान पर अर्जुन के मन में कायरता ने स्थान ले लिया था। गंभीर विषय था कि यह चिंता न केवल भावों और वचनों में आई थी, बल्कि क्रियाओं में भी आ गयी थी, क्योंकि अर्जुन ने अपने धनुष और बाण भी त्याग दिए थे। अधर्म के नाश के अभियान के लिए यह शुभ संकेत नहीं थे। अर्जुन को उसकी भूल बता कर पुनः मार्ग पर लाना आवश्यक था। श्री कृष्ण अर्जुन की व्यर्थ युक्तियों की परवाह न करके उसे कर्तव्य पालन के लिए युद्ध करने की आज्ञा देते हैं।

दया और करुणा से केशव, उस को समझाने लगे।
भ्रमित था अर्जुन बहुत, उसे मार्ग पर लाने लगे।।

वीर हो तुम धीर हो, भय शोभा नहीं देता है।
आचरण कायरता का, कीर्ति को हर लेता है।।

उत्तम न होता कर्म त्याग, मन से दृढ़ तुम हो जाओ।
पार्थ उठो दुर्बलता त्यागो, युद्ध करो कर्तव्य निभाओ।।

श्री कृष्ण से युद्ध का आदेश सुनकर अर्जुन युद्ध न करने के अनेक बहाने लगाने लगा और भावी युद्ध को पाप कर्म बताकर श्री कृष्ण को ही समझाने लगा। अर्जुन को समझ ही नहीं आ रहा था कि जिसे वह हिंसा-त्याग तथा भोग-त्याग कह रहा था वह वास्तव में कर्तव्य त्याग था।

भीष्म द्रोण से मैं केशव, कैसे युद्धाचार करूं।
पूजनीय दोनों जन हैं, कैसे बाणों से वार करूं।।

वध इनका कर भोग मिला, बोझ बड़ा ढोना होगा।
गुरु हत्या से उत्तम केशव, भिक्षुक बन जीना होगा।।

आप कहें तुम युद्ध करो, मैं कहता यह पाप है।
सही गलत की दुविधा ही, मेरे मन का संताप है।।

राज्य अगर खो भी जाये, राज्य तो फिर मिल जायेगा।
मारे गए परिजन यदि, उन्हें कौन वापस लाएगा।।

राज्य मिले समृद्धि मिले, स्वर्गपति हम हो जाएं।
लाभ क्या परिजन बिना, ऐसी अवस्था क्यों लाएं।।

अपने तथा श्री कृष्ण के पक्ष पर विचार करने के पश्चात अर्जुन ने निर्णय लिया कि युद्ध करने से राज्य प्राप्त होगा, मान होगा, यश मिलेगा लेकिन ह्रदय का शोक दूर नहीं हो सकेगा। अतः उसने युद्ध न करना ही उचित समझा।

भ्रम से ग्रसित हो अर्जुन ने, अपना निर्णय सुना दिया।
युद्ध नहीं अब होगा मुझसे, केशव को यूं बता दिया।।

तब अपनी भ्रमित मनःस्थिति से उबरने के लिए अर्जुन ने श्री कृष्ण से शरण मांगते हुए मार्गदर्शन तथा शिक्षा की प्रार्थना की।

भ्रमित मेरा मन है माधव, शरण अपनी लीजिये।
शिष्य कर स्वीकार मुझको, ज्ञान मुझको दीजिये।।

अर्जुन ने शरण तो मांग ली लेकिन साथ ही यह भी कहा कि "मैं युद्ध नहीं करूंगा"।यह भ्रम देख श्री कृष्ण मुस्कुरा दिए।

मुस्कुरा कर केशव ने, अर्जुन को अपनी शरण लिया।
प्रभु की कृपा से उस बेला, मां गीता का अवतरण हुआ।।

श्री कृष्ण ने अर्जुन की प्रार्थना स्वीकार कर उसे देह - देही तथा अविनाशी - नश्वर का गूढ़ ज्ञान देना आरम्भ किया। उनका उद्देश्य अर्जुन को उसके निर्णय की अज्ञानता से अवगत कराकर उसका ध्यान कर्तव्यपालन की ओर ले जाना था।

कहते हो तुम खुद को ज्ञानी, मूर्ख की वाणी बोल रहे हो।
शोक का कारण कोई नहीं, व्यर्थ शोक में डोल रहे हो।।

यहां अमर नहीं कोई प्राणी, यह मृत्युलोक कहलाता है।
जो जीवित हैं जाना सबको, यहाँ कौन सदा रह पाता है।।

आत्मा अविनाशी है और शरीर विनाशी है। दोनों का ही शोक व्यर्थ है। स्थिर अविनाशी का कभी नाश नहीं होता और विनाशी लगातार बदलता हुआ नाश की ओर जा रहा है। जब जीव के चौरासी लाख योनियों में मिले शरीरों में से कोई शरीर नहीं रहा तो इस मनुष्य शरीर का अंत भी निश्चित है।

नाशवान अविनाशी दोनों, शोक के काबिल नहीं।
डूबते हो शोक में क्यों, कुछ होगा हासिल नहीं।।

इस देह के लिए क्यों रोना, देह तो नाशवान है।
देही का कोई शोक न हो, देही सदा विद्यमान है।।

तुम युद्ध नहीं करते हो यदि, सृष्टि पर नहीं असर होगा।
नश्वर का नाश तो निश्चित है, अविनाशी सदा यहीं होगा।।

जीव सभी पहले थे यहाँ, आगे फिर से यहीं होंगे।
देह बदलती रहती है, और रूप नए नए होंगे।।

'स्थूल', 'सूक्ष्म' और 'कारण' - ये तीन शरीर हैं। अन्न जल से बना हुआ शरीर स्थूल शरीर है। स्थूल शरीर में इन्द्रियां प्रधान हैं। इस स्थूल शरीर के भीतर पांच ज्ञानेन्द्रियाँ, पांच कर्मेन्द्रियाँ, पांच प्राण, मन और बुद्धि - इन सत्रह तत्वों से बना सूक्ष्म शरीर है। यह सूक्ष्म शरीर इन्द्रियों का नहीं बुद्धि का विषय है। जो बुद्धि का विषय भी नहीं है, जिसमें स्वभाव रहता है, वह कारण शरीर है। ये सभी शरीर परिवर्तनीय हैं।

स्थूल देह नश्वर होती है, समय के साथ बदलती है।
बाल युवा फिर वृद्ध बने, जा पंचतत्व में मिलती है।।

सूक्ष्म और कारण शरीर, स्थूल के साथ बदलते हैं।
देह मृत्यु हो जाने पर, अगली यात्रा को चलते हैं।।

देही अविनाशी निरंतर, देही तेरी पहचान है।
देह तो केवल रूप तेरा, यह ही सच्चा ज्ञान है।।

सांसारिक जीवन में विभिन्न परिस्थतियों में सुखी दुखी होने से उत्तम है हर परिस्थिति में समभाव रखना। समता का सहारा लेने पर मनुष्य मोह माया के जाल में कभी फंसेगा ही नहीं। ऐसा नहीं है कि समभाव रखने वाले साधक को सुख दुःख का अनुभव नहीं होता है। सुख दुःख के प्रति भोगभाव न होने के कारण ये उनके अंतःकरण पर स्थायी प्रभाव नहीं छोड़ते हैं। अर्थात सुख दुःख का ज्ञान होने पर भी वह स्वयं सुखी दुखी नहीं होता है। मनुष्य योनि सुख और दुःख भोगने के लिए नहीं बल्कि इनसे ऊपर उठ कर सर्वोत्तम लक्ष्य प्राप्त करने के लिए है। परिस्थितियां तो कर्मफल देने के लिए आएंगी ही, लेकिन उनसे सुखी दुखी होने अथवा न होने के लिए मनुष्य स्वतन्त्र है।

इन्द्रिय विषय अवस्थाएं, सुख दुःख देने वाले हैं।
समभावी सम्बन्ध रखो, यह नित्य बदलने वाले हैं।।

अनुकूलता प्रतिकूलता में, कोई गुण या विकार नहीं।
उनसे सुखी दुखी हो जाना, यह उत्तम आचार नहीं।।

सुख दुःख में सम रहने वाले, धीर पुरुष कहलाते हैं।
सुख दुःख भोगी ही जीवन में, सारे कष्ट उठाते हैं।।

समता का महत्त्व बताने के पश्चात् श्री कृष्ण ने विनाशी - अविनाशी का वर्णन पुनः आरम्भ किया।

जगत झूठ है मोह माया है, पल पल में बदलता जानो।
सच है आत्मा सच परमात्मा, सच देखो सच को पहचानो।।

देही अंश है परमात्मा का, देही है अविनाशी जान।
देह जन्मती है प्रकृति से, इसीलिए यह नाशवान।।

अर्जुन को शरीरों को लेकर शोक हो रहा है कि युद्ध करने से वे सब मारे जायेंगे। लेकिन वह भूल गया है कि युद्ध न करने से भी तो सब की मृत्यु निश्चित है। जो वस्तु उत्पन्न होगी उसका नाश भी अवश्य होगा। युद्ध करने या न करने से सृष्टि चक्र में कोई अंतर नहीं आएगा। हां, इस समय अपने कर्तव्य का पालन करने का सुनहरा अवसर वह अवश्य खो बैठेगा।

अविनाशी तो अविनाशी है, उसका नाश नहीं होगा।
अंत विनाशी का निश्चित है, कर्म त्याग से क्या होगा।।

अपने धर्म को पहचानो तुम, परिजन मोह से बाहर आओ।
शोक न करना देह नाश का, युद्ध करो कर्तव्य निभाओ।।

कर्म सभी प्रकृति में होते, प्रकृति कर्म कराती है।
देही है निर्लिप्त सदा ही, और दर्शक कहलाती है।।

जन्म नहीं लेती है आत्मा, और कभी ना मरती है।
है अनादि और है अनंत, नित्य निरंतर रहती है।।

जीने की इच्छा के कारण, मरने का भय होता है।
आयु अवधि जब पूर्ण हुई, मरना तो तय होता है।।

जैसे मनुष्य पुराने वस्त्रों को त्याग कर नए वस्त्र धारण करता है, ऐसे ही आत्मा पुराने शरीर को छोड़ कर दूसरे नए शरीर को धारण करती है। जैसे पुराने वस्त्रों के परिवर्तन पर मनुष्य को शोक नहीं होता है ऐसे ही आत्मा द्वारा शरीर के परिवर्तन पर भी शोक नहीं होना चाहिए।

शरीर वस्त्र है आत्मा का, वस्त्र बदलती रहती है।
नए जन्म नए अनुभव ले, मोक्ष मार्ग पर चलती है।।

प्रकृति से सम्बन्ध मान के, कर्मों से बंध जाती है।
कर्मों का फल पाने देही, नया जन्म ले आती है।।

पृथ्वी जल अग्नि और वायु, प्रकृति तत्व अचेतन हैं।
आत्मा है इन सब से ऊपर, दैवी है और चेतन है।।

यहाँ चार ही तत्वों का नाम लिया गया है और पांचवें तत्व आकाश की बात नहीं की गयी है। ऐसा इसलिए क्योंकि आकाश में कोई भी क्रिया करने का सामर्थ्य नहीं है। सभी शस्त्र पृथ्वी में स्थित तत्वों से ही बनते हैं। वे तो आकाश का भी कुछ नहीं बिगाड़ सकते, तो फिर आत्मा की तो बात ही क्या? संसार में जो भी वस्तु-पदार्थ आदि हैं सभी नश्वर, सीमित और लगातार बदलने वाले हैं। आत्मा सर्वगत, अचल, स्थिर और अवध्य है।

आत्मा अंश है ईश्वर का, शस्त्रों से काट नहीं सकते।
यह व्यापक है सभी ओर, इसको बाँट नहीं सकते।।

ना गीली हो ना जल सके, वायु भी सुखा नहीं पाए।
ये अजर अजन्मी होती है, आत्मा को हानि नहीं आए।।

देही भौतिक वस्तु नहीं है, देख नहीं सकता कोई।
कौन करेगा इसका वर्णन, रूप नहीं इसका कोई।।

सूर्य अस्त यदि होता है, तो सूर्योदय भी आता है।
शोक नहीं करता कोई, प्रकृति नियम कहाता है।।

भीष्म द्रोण यदि मर जाएं, तो जन्म पुनः वह पाएंगे।
देह का रूप अलग होगा, वो जीवन पुनः निभाएंगे।।

जन्म से पूर्व न दिखता प्राणी, मृत्यु के बाद न होना है।
घट रहा बीच में लगातार, उसके लिए क्यों रोना है।।

जिन देहों को देख रहे तुम, नष्ट हो रही हैं मानो।
देही स्थापित हर जन में, है अवध्य इतना जानो।।

क्षत्रिय के लिए क्षत्रिय धर्म का पालन सबसे आवश्यक और लाभकारी है। इसी प्रकार ब्राह्मण, वैश्य और शूद्र के लिए भी अपने अपने कर्तव्य का अनुष्ठान करने के सिवा दूसरा कोई कल्याणकारी कार्य नहीं है। अपने शब्दों का धनंजय पर उचित प्रभाव न देखकर श्री कृष्ण उसे स्वधर्म पालन के लाभ बताते हैं और उसकी वीरता को भी ललकारते हैं। युद्ध न करने से होने वाली हानि बताते हुए वे अर्जुन को अनेक प्रकार से कर्तव्य पालन की ओर प्रेरित करने का प्रयास करते हैं।

पार्थ यूँ विचलित हो जाना, क्षत्रिय धर्म न कहलाता।
मन प्रसन्न होता क्षत्रिय का, धर्मयुद्ध जब पा जाता।।

अवसर धर्म निभाने का, स्वयं सामने आ जाना।
ऐसे धर्म का पालन मानो, स्वर्ग द्वार का खुल जाना।।

स्वधर्म का पालन नहीं करो, तो पाप के भागी बनोगे।
अर्जित यश की हानि होगी, जग में आते जाते रहोगे।।

अपयश की चर्चा चली, तो जग में उपहास होगा।
जीव हँसेंगे सब तुम पर, मृत्यु सा आभास होगा।।

युद्ध में सन्नद्ध हो कर, युद्ध यदि तुम नहीं करोगे।
तुम वीरों में महावीर, वीरों की नजरों में गिरोगे।।

धर्म पक्ष में तुम खड़े हो, पांडवों का हो विश्वास।
प्रमुख योद्धा पांडवों के, पांडवों की जय की आस।।

देखो डरता हमें देखकर, ऐसा सारे शत्रु कहेंगे।
मानेंगे सब तुमको कायर, सारे ही उपहास करेंगे।।

इस अपमान से क्रोधित हो, सम्मान बचाने आओगे।
धीर वीर सा युद्ध न कर, अनियंत्रित बाण चलाओगे।।

जीतोगे तो राज्यभोग है, वीरगति तो स्वर्ग लोक है।
लाभ तुम्हारा ही केवल, फिर कैसा तुमको शोक है।।

विजय पराजय लाभ और हानि, सुख दुख में ही झूल रहे हो।
परिजन जिनको मान रहे वह, शत्रु अधर्मी भूल रहे हो।।

श्रीकृष्ण अर्जुन को एक बार फिर से समता का महत्त्व समझाते हुए उसे स्थिर बुद्धि साधक बनने का आदेश देते हैं। जय-पराजय, लाभ-हानि और सुख-दुःख में सम रहकर केवल कर्तव्य पालन पर ध्यान देने को कहते हैं।

सम बुद्धि का दामन थामो, सुख दुःख एक समान हैं।
मन के केवल भाव ही हैं ये, कर्तव्य कर्म कल्याण हैं।।

श्री कृष्ण के मत में कर्मों में विषमबुद्धि (राग-द्वेष) होने से ही पाप लगता है। संसार में पाप और पुण्य की अनेक क्रियाएं होती हैं पर उनसे हमें पाप-पुण्य नहीं लगते क्योंकि उनमें हमारी समबुद्धि रहती है। अर्थात उनमें हमारा कोई पक्षपात, आग्रह, राग-द्वेष नहीं रहते।

हर भाव के होते दो पहलू, दोनों ही बंधनकारी हैं।
सुख और दुःख लाभ और हानि, आते बारी बारी हैं।।

समभाव जरूरी योग में, कर्मों में लाभकारी है।
बंधन से मुक्ति पाने का, यह साधन गुणकारी है।

युद्ध से बचना लक्ष्य लिए, बातों का लेते हो सहारा।
समता से यदि युद्ध करो तो, जीत मिलेगी राज तुम्हारा।।

स्थिर मन पाना कठिन कार्य है, स्थिर बुद्धि हो जाओ तुम।
कर्म करो निष्काम भाव से, युद्ध विजय कर जाओ तुम।।

विजय करोगे राग द्वेष पर, उसको लक्ष्य बनाओ तुम।
समबुद्धि का भाव ही उत्तम, उसको ही अपनाओ तुम।।

श्री कृष्ण अर्जुन को निष्काम और निर्द्वन्द्व हो कर और तीनों गुणों से रहित होकर समता पाने को कहते हैं।

भोगों और ऐश्वर्य के प्रेमी, कर्म सकाम ही करते हैं।
बिना कामना जीवन क्या, यूं मान के आगे बढ़ते हैं।।

कर्मों का फल निश्चित करके, प्रभु का ध्यान लगाते हैं।
लेन देन का सौदा करके, भक्ति उसे बतलाते हैं।।

विषयों का सुख लेते हैं, संग्रह में समय बिताते हैं।
भोगों में ही लिप्त रहें, जीवन भर कष्ट उठाते हैं।।

सुःख होगा तो दुःख भी होगा, राग जहाँ वहां द्वेष भी होगा।
द्वैत द्वंद्व से ऊपर उठकर, कर्म करो तो सफल भी होगा।।

सीमा नहीं कोई कामना की, उसकी होतीं शाख अनेक।
भोगों का कोई अंत नहीं पर, ईश्वर नाम का निश्चय एक।।

परमात्मा को पा जाने पर, कुछ भी पाना शेष नहीं।
वेद ज्ञान और दान यज्ञ तप, इनका अर्थ विशेष नहीं।।

प्राप्त कर्तव्य के पालन में ही मनुष्य का अधिकार है, फल का निर्णय लेने का नहीं। कर्मफल का विचार निर्लिप्तता में बाधक है। मनुष्य जन्म केवल सेवारूप नया कर्म करके अपना उद्धार करने के लिए ही है। कर्मों को केवल अपने लिए करने से बंधन प्राप्त होता है और मनुष्य यदि कर्मों को न करके आलस्य प्रमाद में पड़ा रहेगा तो बार बार जन्मता मरता रहेगा। पुराने कर्मों के अनुसार परिस्थितियां आती हैं और नए कर्मों से भविष्य निर्धारित होता है।

कर्म करो आसक्ति बिना तुम, फल के हेतु न बन जाना।
कर्म चयन तो कर सकते हो, फल पर ना अधिकार जताना।।

संचित कर्म परिस्थिति लाते, सुखी दुखी तुम ही हो जाते।
प्राप्त को अच्छा बुरा मान कर, रोते कभी कभी मुस्काते।।

योग का साधन है समता, समता में तुम स्थिर हो जाओ।
अपने भ्रम को त्याग धनंजय, शस्त्र उठा कर्तव्य निभाओ।।

सुख मिलने से हो प्रसन्नता, या कष्टों का योग रहे।
समता का कभी ना त्याग हो, चाहे जो परिणाम रहे।।

कर्म कर्मफल और साधन, इनसे संबंध विकारी है।
विरक्त ही रहो इन सबसे, आसक्ति बंधनकारी है।।

फल की चिंता करने वाले, स्वार्थ के साधन चुनते हैं।
सेवा त्याग से दूर बहुत हैं, जाल तो खुद ही बुनते हैं।।

कर्मों के कुशल कहाने का, शुभ कर्मों से सम्बन्ध नहीं।
बंधनकारी ना होते जो, कर्म कुशल होते हैं वही।।

कर्मों में कोई आसक्ति न हो, निष्काम रहो तो समता है।
कर्मों में कुशलता योग नहीं, कर्मों में योग कुशलता है।।

देही रूप कमल जैसा, जो जल में रह निर्लिप्त रहे।
संबंध न जोड़े प्रकृति से, कर्मों के फल से मुक्त रहे।।

फल के त्याग का अर्थ नहीं, कर्मों का फल नहीं होगा।
त्यागो यदि फल की कामना, फल बंधन कभी नहीं होगा।।

चिंता में विजय पराजय की, सुखी दुखी ना हो जाना।
यह समता का मूल है, तुम समता को लक्ष्य बनाना।।

नाशवान का सुख ले लेना, मोह के दलदल में फंसना है।
जाग्रत करके बुद्धि विवेकी, कर्तव्य कर्म केवल करना है।।

मतभेदों में भ्रमित बुद्धि, मानव को भटकाती है।
सही गलत की दुविधा में, निर्णय ना कर पाती है।।

त्यागो संबंधों के भ्रम को, युद्ध में आगे कदम बढ़ाओ।
स्थिर बुद्धि का आश्रय लेकर, धर्मयुद्ध में ध्यान लगाओ।।

श्री कृष्ण के वचन सुनकर अर्जुन के मन में स्थिर बुद्धि अथवा स्थितप्रज्ञ साधक के विषय में और अधिक जानने की जिज्ञासा जाग्रत हुई। अर्जुन ने जानना चाहा कि स्थितप्रज्ञ साधक किसे कहते हैं, वह कैसी वाणी बोलता है, कैसे बैठता है, कैसे चलता है आदि।

स्थिर बुद्धि साधक के लक्षण, केशव क्या होते बतलाओ।
बोलचाल व्यवहार हो कैसा, माधव यह मुझको समझाओ।।

श्री कृष्ण अर्जुन के प्रश्न का उत्तर विस्तार से देते हैं।

फल की इच्छा त्याग करे, रहित कामना हो जाये।
रहे सदा संतुष्ट स्वयं में, स्थिर बुद्धि वो कहलाये।।

अपने दुःख से दुखी न होता, सुख में भटक न जाता है।
राग द्वेष से मुक्त हुआ वो, स्थिर बुद्धि कहलाता है।।

अन्य के दुःख में दुखी रहे, उनके सुख में सुख पाता है।
अपने सुख दुःख रहे एक सा, स्थिर बुद्धि कहलाता है।।

अंग समेटे कछुआ जैसे, खुद में ही छुप जाता है।
मन इन्द्रियां समेटे मानव, स्थिर बुद्धि हो जाता है।।

आसक्ति को त्याग भी दें तो, रस की स्मृति रह जाती है।
बुद्धि के स्थिर हो जाने पर, स्मृति विस्मृति हो जाती है।।

नश्वर का रस नाशवान है, नष्ट समय से होता है।
अविनाशी का रस अविनाशी, सदा एक सा होता है।।

जब साधक इन्द्रियों को वश में करता है तब उसमें अभिमान रहता है कि मैंने इन्द्रियों को अपने वश में किया है। यह अभिमान साधक को उन्नत नहीं होने देता है।

मन इन्द्रिय वश में करने का, खुद को श्रेय नहीं देना है।
ईश्वर कृपा से संभव होता, यह बंधन मोल नहीं लेना है।।

ईश्वर के परायण होने से तो इन्द्रियां वश में होकर रसबुद्धि से निवृत्त हो ही जाएंगी। परन्तु रसबुद्धि के रहने से क्या हानि होती है, इसके विषय में श्री कृष्ण बताते हैं।

ईश्वर शरण में ना जाने से, विषयों का चिंतन होता है।
राग द्वेष में घिर जाते हैं, बंधन भी गहरा होता है।।

इच्छित वस्तु मिल जाए तो, और का लोभ पनपता है।
बाधक यदि कोई बनता तो, व्यक्ति क्रोध में जलता है।।

बाधा पहुँचाने वाला जब, सामर्थ्य में ज्यादा होता है।
क्रोध तो नहीं भय जगता, और मार्ग बदलना पड़ता है।।

क्रोध से मन सम्मोहित होता, बुद्धि भी हर जाती है।
सही गलत की सुध ना रहती, भूल बड़ी हो जाती है।।

राग-द्वेष वाले भोगी का, जीवन व्यर्थ चला जाता है।
आनंद न पाता भोगों का, चिंता करता रह जाता है।।

जब साधक अपने कार्यक्षेत्र में सब तरह का व्यवहार करता है तब इन्द्रियों के सामने अपने अपने विषय आ ही जाते हैं। उनमें से जिस इन्द्रिय को अपने विषय में राग हो जाता है, वह मन को अपने साथ कर लेती है। मन उस विषय का सुखभोग करने लग जाता है। जब मन में विषय का महत्त्व बैठ जाता है तब अकेला मन ही बुद्धि को हर लेता है। बुद्धि को हरने के विषय में मन ही मुख्य है, इन्द्रियां नहीं। कारण कि जब तक इन्द्रियों के साथ मन नहीं रहता, तब तक उस इन्द्रिय को अपने विषय का ज्ञान भी नहीं होता। जिसके मन और इन्द्रियों में संसार का आकर्षण नहीं रहा, वह बुद्धि प्रतिष्ठित है।

इन्द्रियां विषयों में रमने से, मन अनुगामी होता है।
विषय वस्तु में खिंचता जाता, बुद्धि को हर लेता है।।

रखे इन्द्रियों को वश में, और राग द्वेष से दूर रहे।
विषयों का सेवन करते भी, भोगी उसको कौन कहे।।

भोगों में डूबे का जीवन, अंधकारमय होता है।
ध्यान प्रभु में लगे नहीं, जगा हुआ भी सोता है।।

विषय पदार्थों के संग्रह को, मूल्य अधिक वह देता है।
अविवेकी बुद्धि के कारण, सदा भटकता रहता है।।

मान बड़ाई और सत्कार, उसको प्यारे होते हैं।
विषय वस्तुएं मिल जाएं, तो वारे न्यारे होते हैं।।

इन सब विकारों से परिचित स्थितप्रज्ञ साधक कैसे चलता है, इसका वर्णन श्री कृष्ण आगे करते हैं।

व्यक्ति संयमी ऐसे भ्रम को, भली प्रकार समझता है।
सांसारिक जीवन में रहकर, समता से ही विचरता है।।

इन्द्रियां वश में रखने से, नियंत्रण मन पर आता है।
राग द्वेष पर विजय मिले, तो स्थिरबुद्धि हो जाता है।।

कामासक्ति रहित आचरण, स्थिर बुद्धि अपनाता है।
निर्वाही सामग्री सेवन कर, परम शांति को पाता है।।

नश्वर से सम्बन्ध त्याग जो, स्थिर बुद्धि हो जाता है।
सम्मोहन मर्दन कर साधक, मेरे धाम को आता है।।

तीसरा अध्याय

सांख्ययोग (ज्ञानयोग) के अनुसार शरीर और आत्मा एक दूसरे से पूर्णतया भिन्न हैं। सृष्टि का अंश होने के कारण शरीर अनित्य, एकदेशीय, असत् और नाशवान है। परमात्मा का अंश होने के कारण आत्मा नित्य, सर्वव्यापी, सत और अविनाशी है। नाशवान वस्तु को बनाये रखने की कामना न होना ही विवेक है। पशु-पक्षियों अदि में विवेक नहीं होता है जबकि बुद्धि प्रधान होने के कारण मनुष्य में विवेक का बहुत महत्त्व है। जब बुद्धि मोहित हो जाती है तो मनुष्य का विवेक खो जाता है और वह उचित अनुचित का निर्णय करने में स्वयं को असमर्थ पाता है। युद्ध स्थल में अर्जुन की मनःस्थिति भी इसी प्रकार थी। कर्तव्य त्याग जैसी बुराई को वह समझ ही नहीं पा रहा था। युद्ध न करने की पूर्व धारणा के कारण श्री कृष्ण द्वारा स्पष्ट समझाने पर भी अर्जुन के मन में भ्रम बना रहा। लेकिन इस भ्रम से बाहर आने की इच्छा भी धीरे धीरे उसके मन में जाग्रत होने लगी। अर्जुन ने श्री कृष्ण से पूछा कि कभी तो आप कहते हैं कि कर्म करो और कभी कहते हैं कि ज्ञान का आश्रय लो। आपके इन मिले हुए वचनों से मेरी बुद्धि मोहित हो रही है। मैं समझ ही नहीं पा रहा हूँ कि मुझे कर्म करना चाहिए या ज्ञान की शरण लेनी चाहिए। जो मेरे लिए कल्याणकारी हो, वह मार्ग मुझे कृपा करके बताइये।

योग मार्ग सबसे उत्तम है, ऐसा आप मुझे समझाते।
हिंसा से मैं बचना चाहूँ, घोर कर्म में मुझे लगाते।।

आपके इन वचनों से माधव, भ्रमित हो रहा मेरा मन।
कल्याण मार्ग मुझको ले जाएं, ऐसे वचन कहो भगवन।।

श्री कृष्ण अर्जुन के प्रश्न का उत्तर देते हैं।

स्पष्ट कहा है मैंने सब, अस्पष्ट उसे बतलाते हो।
भ्रमित हुए मोहित बुद्धि से, वचन समझ ना पाते हो।।

मिथ्या त्याग का वर्णन कर, उसको कर्तव्य बताते हो।
उचित बताकर अनुचित को, अपना अज्ञान जताते हो।।

नाशवान की सिद्धि-असिद्धि, प्राप्ति-अप्राप्ति में सम रहना कर्मयोग है और नाशवान से विमुख हो कर अविनाशी में स्थित हो जाना ज्ञानयोग है। परमात्मा के पूर्णतया शरणागत हो जाना भक्ति योग है। अर्जुन को ज्ञानयोग के विषय में बताकर श्री कृष्ण अब अर्जुन को कर्म करने का महत्त्व तथा कर्तव्य पालन का मर्म समझाना आरम्भ करते हैं।

कर्मयोग में जगत मुख्य, और ज्ञानयोग में आत्मा।
बड़ा अलौकिक भक्तियोग, जानें केवल परमात्मा।।

ज्ञानयोग साधक की निष्ठा, होती सदा विवेक प्रधान।
कर्मयोग साधक की साधना, हर प्राणी को है आसान।।

हो सबका हित सबकी सेवा, स्वार्थी जीवन धिक्कार है।
कर्तव्य निभाते कर्म करो सब, यही कर्मयोग का सार है।।

कर्मत्याग से सिद्धि नहीं, जीवन में कर्म जरूरी है।
रह न सके कोई कर्म बिना, हर प्राणी की मजबूरी है।।

शरीर प्रकृति का कार्य है और प्रकृति सदा क्रियाशील है। जिन शारीरिक अथवा मानसिक क्रियाओं के साथ मनुष्य अपना सम्बन्ध मान लेता है, वे सब क्रियाएं ही 'कर्म' बनकर उसे बांधने वाली होती हैं, अन्य क्रियाएं नहीं। प्रकृति से सम्बन्ध जोड़ने से मनुष्य गुणों से प्रभावित हो जाता है और तरह तरह के कर्म करते हुए बंध जाता है। जिन कर्मों में कामना, ममता, आसक्ति आदि नहीं हों, वही कर्म उत्तम हैं। कर्मयोग का आचरण करने वाला कर्मों को करते हुए ही निष्कर्मता को प्राप्त होता है। जिस स्थिति में मनुष्य के कर्म अकर्म हो जाते हैं अर्थात बंधनकारक नहीं होते हैं, उस स्थिति को निष्कर्मता कहते हैं।

प्रकृति अक्रिय कभी ना होती, चक्र सदा चलता रहता है।
है देह निरंतर क्रियाशील, जीवन आगे बढ़ता रहता है।।

प्रकृति में होतीं क्रिया अनेकों, फल का बंधन नहीं बनेगा।
स्वयं जुड़े तो कर्म कहाये, कर्म का फल अवश्य मिलेगा।।

देही तो निष्क्रिय होती है, सभी क्रिया प्रकृति ही जाने।
प्रकृति से जुड़ती देही जब, सब कर्मों को अपना माने।।

प्रकृति के गुण कर्म कराते, यहाँ वहां ले जाते हैं।
कर्म से बचना चाहो भी तो, गुण तो कर्म कराते हैं।।

निष्काम कर्म का फल नहीं, वह कर्म अकर्म कहाता है।
स्वार्थ रहित हो कर्म करो, यह कर्मयोग कहलाता है।।

कर्तव्यरूप जो आए सामने, कर्म वही तुम करते जाओ।
शास्त्रविहित हो पाप नहीं हो, उसी मार्ग पर चलते जाओ।।

केवल कर्मों का स्वरूप से त्याग कर देने मात्र से उनका वास्तविक त्याग नहीं होता है। मन को अपने वश में करके आसक्ति का भी त्याग करना होता है। सांसारिक भोगों को बाहर से भी भोगा जाता है और मन से भी। बाहर से भोग भोगना और मन से उसके चिंतन का रस (सुख) लेना - दोनों में कोई अंतर नहीं है। बाहर से रागपूर्वक भोग भोगने से जैसा संस्कार पड़ता है वैसा ही संस्कार मन से भोग भोगने, अर्थात मन से भोगों के चिंतन का रस लेने में पड़ता है।

विषयों को केवल तन से नहीं, मन से भी भोगा जाता है।
तन संयम यदि कर भी लें, मन तो आनंद उठाता है।।

विषय त्याग कर इन्द्रिय से, मन में रखे भोगेच्छा सारी।
यूँ खुद को समझे राग रहित, वह मूढ़बुद्धि मिथ्याचारी।।

मन को अपने वश में कर, तुम विजय इन्द्रियों पर पाओ।
कर्म करो निष्काम भाव से, योग मार्ग साधक बन जाओ।।

दोष सदा आसक्ति में हैं, कर्मों में और फल में नहीं।
कर्म करो आसक्ति त्याग, दोष नहीं बंधन भी नहीं।।

अर्जुन ने युद्धरूपी कर्म को त्याग कर बैठना उचित समझा। अर्जुन ने युद्ध न करने के अनेक तर्क दिए लेकिन श्री कृष्ण पर उनका कोई प्रभाव न हुआ। वे कर्तव्य कर्म को करने के लिए अर्जुन को समझाते रहे।

वर्ण धर्म अनुकूल कर्म यदि, शास्त्रविहित हो किया करो।
तुम क्षत्रिय हो तुम योद्धा हो, स्वाभाविक है युद्ध करो।।

कर्तव्य कर्म ना करने से, उद्धार नहीं पतन होगा।
कर्म त्याग यदि बैठ गए, कैसे जीवनयापन होगा।।

वर्ण, आश्रम, देश, काल की मर्यादा रखकर निष्काम भाव से किये गए शास्त्रविहित कर्तव्य कर्म यज्ञरूप होते हैं। कामना, ममता, आसक्ति, पक्षपात, स्वार्थ आदि से किये गए कर्म विष के समान होते हैं। इन्हें निकाल कर किये गए सभी कर्म अमृतमय यज्ञ हो जाते हैं।

दान तप और होम यज्ञ है, दूजे का हित लाभ यज्ञ है।
यज्ञ स्वधर्म का पालन होता, सबकी सेवा सदा यज्ञ है।।

कर्मयोग ही कर्मयज्ञ है, जीवन का आधार बनाओ।
होम करो सारे कर्मों को, ईश्वर को सब सौंपे जाओ।।

कर्म यज्ञ आधार सृष्टि का, सबको धर्म निभाना है।
कर्तव्य त्याग जीते जीवन, तो जीवन व्यर्थ गंवाना है।।

प्रकृति का हर कार्य यज्ञ, जीवों का पालन होता है।
प्रकृति के कारण ही सब, जीवन संचालन होता है।।

शिक्षा दान है यज्ञ गुरु का, वैद्य का रोग निदान है।
लालन पालन यज्ञ ही होता, सफल वही संतान है।।

सेवा वही कर सकता है जो अपने लिए कभी कुछ नहीं चाहता। सेवा करने के लिए धनादि पदार्थों की चाह करना कामना है। सेवा करने की चाह भी कामना ही है; क्योंकि सेवा करने की चाह होने से ही धनादि पदार्थों की कामना होती है। इसलिए अवसर प्राप्त हो और योग्यता हो तो सेवा कर देनी चाहिए, पर सेवा की कामना नहीं करनी चाहिए। वास्तविक सेवा कल्याणकारी और बंधनमुक्त होती है। सेवाभाव वाले व्यक्ति की क्रियाएं और पदार्थ कम होने पर भी उसकी सेवा कम नहीं समझनी चाहिए, क्योंकि उसका भाव असीम होता है। वास्तव में सेवा भाव से होती है, वस्तुओं से नहीं। वस्तुओं से कर्म होते हैं सेवा नहीं।

कामना अभाव का सूचक है, कष्टों का अम्बार है।
'स्वयं' सदा ही बिन अभाव है, जीवन का आधार है।।

खाली हाथ जगत में आये, खाली हाथ चले जाना है।
फिर जग की संपत्ति पर, क्यों अधिकार जमाना है।।

जो कुछ भी है पास हमारे, जगत ने ही तो हमें दिया है।
अपना कैसे मान लें उसको, हमने जो दूजे से लिया है।।

मानव जन सेवा करें, धन दे पुण्य कमाय।
सेवा तो इक भाव है, बिन धन के हो जाय।।

जो मिलता हमको दूसरों से, उनकी सेवा में ही लगा दें।
चोरी होगा खुद रख लेना, जो जिसका उसको लौटा दें।।

सामर्थ्य समय और सामग्री, सबकी सेवा में लगा दो।
ना रहे कामना कुछ पाने की, देने का बीड़ा उठा लो।।

योगी सबकी सेवा कर, कल्याण मार्ग पर जाते हैं।
स्वार्थ भाव जो कर्म करें, पाप की फसल उगाते हैं।।

सृष्टि चक्र ईश्वर ने रचा है, नियमित होती प्रकृति सारी।
सृष्टि चक्र में विघ्न न आये, यह हम सबकी जिम्मेदारी।।

ममता और कामना जैसे दोषों का जन्म आसक्ति से ही होता है। आसक्ति के कारण ही मनुष्य शरीर, इन्द्रियों, मन, बुद्धि आदि से अपना सम्बन्ध मान कर अपने आराम, सुख-भोग के लिए तरह तरह के कर्म करता है। आसक्ति रहते हुए योग सिद्ध नहीं हो सकता। साधक को कर्मों का त्याग न करके उनमें आसक्ति का ही त्याग करना चाहिए। आसक्ति ही पतन करने वाली है, कर्म नहीं।

बिना कामना जीवन कैसा, भ्रमित व्यक्ति ऐसा ही मानें।
मोहित अज्ञानी अविवेकी, पतन तो अपना तय ही जानें।।

आसक्ति ममता और कामना, जब तक रहें विचार में।
मानव संतोष नहीं पा सकता, जितना ढूंढे संसार में।।

सभी क्रिया प्रकृति में होतीं, उनसे ना सम्बन्ध बनाओ।
क्रियाहीन 'स्वयं' होता है, क्रियाहीन पर ध्यान लगाओ।।

ना आसक्ति हो कर्मों में, ना कर्मों के करने में झुकाव।
कर्मयोग के साधक का, दोनों में नहीं कोई लगाव।।

कामनाजनित कर्मों से तो, जग ऋण बढ़ता जाता है।
जग सेवा में लग जाने से, बंधन ही नहीं आता है।।

देही जीव का असली रूप है, यह निष्काम सदा है जानो।
इस में ही संतुष्ट रहो तुम, यही मुक्ति का मार्ग है मानो।।

किसी भी मनुष्य का जीवन दूसरों की सहायता के बिना नहीं चल सकता है। शरीर माता-पिता से मिलता है, विद्या, योग्यता, शिक्षा गुरुजनों से मिलती है; जो अन्न ग्रहण करते है वह भी दूसरों के द्वारा ही उत्पन्न किया होता है; जो वस्त्र पहनते हैं वे दूसरों के बनाये होते हैं; जिस मकान में रहते हैं उसका निर्माण दूसरों द्वारा किया गया होता है; जिस सड़क पर चलते है, वह दूसरों द्वारा बनायी जाती है, आदि आदि। इस प्रकार प्रत्येक मनुष्य का जीवन निर्वाह दूसरों पर आश्रित है। अतः हर एक मनुष्य पर दूसरों का ऋण है जिसे उतारने के लिए यथा शक्ति दूसरों की सेवा (हित) करते रहना आवश्यक है।

लेना ऋण देना भी ऋण है, लेना और चुकाना है।
आते सुख जाते पर रोएं, बंधन दोनों में आना है।।

संसारी ऋण को भुगताने, जग में फिर आना होता है।
बंधन से मुक्ति पानी तो, हर ऋण को चुकाना होता है।।

शास्त्रविहित कर्तव्य कर्मों को निस्वार्थ भाव से करना ही कर्मयोग है। कर्मयोग सरलतम मार्ग है क्योंकि इसकी साधना समाज में रहकर की जा सकती है।

शास्त्रविहित कर्तव्य कर्म ही, सहज कर्म है और नहीं।
क्षत्रिय हो तुम्हें युद्ध मिला है, कर्म सहज है घोर नहीं।।

कर्म स्वार्थ बिन करने से, साधक योगी हो जाता है।
कर्म और योग का यह संगम, कर्मयोग कहलाता है।।

युगों युगों से कर्मयोग इक, मोक्ष का साधन रहा है।
है सरलतम मार्ग अर्जुन, ऐसा शास्त्रों में भी कहा है।।

श्री कृष्ण कहते हैं कि वे कर्तव्य और कर्मफल की सीमा से परे हैं फिर भी वे सभी कर्तव्य कर्मों को सावधानी पूर्वक पूर्ण करते हैं। ऐसा आवश्यक भी है क्योंकि सभी लोग श्रेष्ठ व्यक्ति का अनुसरण करते हुए और उसी मार्ग को सही मानते हुए उस पर जाने की चेष्टा करते हैं। वे अर्जुन को भी श्रेष्ठ होने के कारण सही उदाहरण प्रस्तुत करने के लिए प्रेरित करते हैं।

कर्तव्य कर्म सीमा से परे हूँ, फिर भी कर्मों में लगता हूँ।
बार बार धरती पर आ कर, धर्म की मैं रक्षा करता हूँ।।

कर्तव्य कर्म यदि त्यागूँ मैं तो, नष्ट भ्रष्ट सब हो जाए।
मोक्ष मार्ग पर चलता साधक, अन्धकार में खो जाए।।

श्रेष्ठ जन का आचरण, अनुसरण करे दुनिया सारी।
रखे श्रेष्ठ जीवन अपना, श्रेष्ठ की है यह जिम्मेदारी।।

तभी प्रभावी श्रेष्ठ व्यक्ति जब, कथनी करनी एक समान।
कर्म और वाणी एक रहे तो, कथन का उसके हो सम्मान।।

अनासक्त कर्मयोगी और आसक्त मानव, दोनों का जीवन अलग प्रकार का होता है। आसक्तिवान मनुष्य प्रत्येक कदम फूंक फूंक कर रखता है ताकि उसकी कामनापूर्ति के साथ साथ उसकी छवि भी बनी रहे। कर्मयोगी को तो केवल आसक्ति रुपी विष से बचते हुए जीवनयापन करना है।

आसक्तिवान अज्ञानी तो, फल के लिए सब करता है।
चौकन्ना रहता है हरदम, गलती करने से डरता है।।

कर्मयोग के साधक गण भी, कर्म तो सारे करते हैं।
आसक्ति कामना त्याग सदा, वे जीवनयापन करते हैं।।

इक आसक्त दूजा कर्मयोगी, दोनों ही होते संसारी।
एक तो घूमे भवसागर में, दूजा मुक्ति का अधिकारी।।

क्रिया सभी प्रकृति में होतीं, प्राणी समझे वो करता है।
व्यर्थ में कर्ता माने खुद को, सुखी दुखी होता रहता है।।

अहं का अर्थ है -'मैं'। यह 'मैं' भी दो प्रकार का होता है। एक 'मैं' अर्थात 'स्वयं' जो कि वास्तविक अहं है और दूसरा 'मैं' अर्थात 'शरीर' जो कि अवास्तविक अहं है। वास्तविक अहं

मिट नहीं सकता और अवास्तविक अहं टिक नहीं सकता। मनुष्य से भूल यह होती है कि वह 'वास्तविक अहं' (अपने स्वरूप) को भूलकर 'अवास्तविक अहं' (मैं शरीर हूँ) को ही सत्य मान लेता है।

अहं वास्तविक रूप 'स्वयं' का, अक्रिय तत्व ये होता है।
कृत्रिम अहं मनुष्य के मन, सदा अहंकार भर देता है।।

सत्व, रज और तम - यह तीनों गुण प्रकृतिजन्य हैं। अर्थात शरीर, इन्द्रियां, मन, बुद्धि, प्राणी, पदार्थ आदि सब गुणमय ही हैं। इन्हीं से सम्पूर्ण कर्म होते हैं। इन गुणों को प्रकाशित करने वाला 'स्वयं' इनसे निर्लिप्त रहता है। अतः वास्तव में गुण ही गुणों में बरत रहे हैं।

सत्व रजोगुण और तमोगुण, उत्पन्न प्रकृति से होते हैं।
करें प्रभावित कर्मों को, और बंधनकारी होते हैं।।

गुण संस्कार के कारण हैं, गुणों से ही स्वभाव बने।
कर्मों पर सत्ता स्वभाव की, तभी अलग हैं सभी जने।।

गुण करते हैं गुण करवाते, गुण ही सृष्टि चक्र चलाते।
गुण ही गुण में बरत रहे हैं, जानें जो ज्ञानी कहलाते।।

ज्ञानमार्ग हो कर्ममार्ग हो, भक्तिमार्ग या अन्य कोई।
कर्म प्रभु को अर्पित करना, नहीं कामना मोह नहीं।।

कर्तव्य कर्म हैं सबसे उत्तम, करने से तुम ना घबराओ।
कर्तव्य कर्म नहीं बंधनकारी, प्रभु को अर्पित करते जाओ।।

मनुष्य को चाहिए कि वह नई वस्तु की कामना न करे, प्राप्त वस्तु में ममता न करे और गई वस्तु का संताप न करे। वर्तमान में सामने आये कर्तव्यकर्म को कामना, ममता तथा संताप का त्याग करके, अर्थात राग-द्वेष के बिना करे और कर्म करने के पश्चात कर्म को ईश्वर को सौंप दे।

नई वस्तु की इच्छा त्यागो, गई वस्तु का दुःख न मनाओ।
कर्मों से सम्बन्ध न जोड़ो, मिली वस्तु से मन न लगाओ।।

जो चला गया वह नष्ट हुआ, संताप न कर उसे गया जान।
जो प्राप्त हुआ प्रारब्ध दिया, मोह न कर अपना न मान।।

अपना मान करो यदि अर्पण, आडम्बर कर जाओगे।
संपत्ति शक्ति ईश्वर की मानो, प्रभु को दो प्रभु पाओगे।।

सुख या दुःख जो भी मिलता है, प्रभु अर्पण करने के बाद।
सुखी दुखी उससे ना होना, ग्रहण करो उसे मान प्रसाद।।

कर्म देह अपने न मानो, राग द्वेष मिट जाते है।
सत्ता मानो ईश्वर की तो, मन निर्मल हो जाते है।।

कर्मों का लगातार होना नदी के प्रवाह की भांति है। जैसे नदी के प्रवाह को हम रोक तो नहीं सकते पर उसका प्रवाह मोड़ अवश्य सकते हैं। केवल दूसरों के लिए कर्म करना ही कर्म के प्रवाह को मोड़ना है। अपने लिए किंचित मात्र भी कर्म करने से कर्मों का प्रवाह मुड़ेगा नहीं। दूसरों के हित के लिए कर्म करने से कर्मों का प्रवाह संसार की ओर हो जाता है और साधक कर्म-बंधन से मुक्त हो जाता है।

कर्म प्रवाह तो चले निरंतर, इस प्रवाह को मोड़ दो।
हितकारी तुम बनो सभी के, स्वार्थ प्रेम को छोड़ दो।।

प्रत्येक इन्द्रिय (श्रोत, त्वचा, नेत्र, रसना और घ्राण) के प्रत्येक विषय (शब्द, स्पर्श, रूप, रस और गंध) में अनुकूलता-प्रतिकूलता की मान्यता से मनुष्य के राग-द्वेष स्थित रहते हैं। राग-द्वेष इन्द्रियों के विषयों में स्थित नहीं रहते। मनुष्य विषयों में अनुकूल या प्रतिकूल का भाव करके उनको अच्छा या बुरा मानकर राग-द्वेष कर लेता है। राग और द्वेष के स्थूल रूप काम और क्रोध हैं।

विषयों के विषय ना राग द्वेष, दोनों मन के हैं विकार।
आसक्ति दोष है कारण इनका, और कामना है आधार।।

राग द्वेष आसक्ति त्याग कर, अपने मन को शुद्ध करो।
क्षत्रिय कुल में जन्म लिया है, क्षात्र धर्म से युद्ध करो।।

स्वयं का धर्म स्वधर्म और अन्य का धर्म परधर्म कहलाता है। निर्विकारता, निर्दोषता, अविनाशिता, नित्यता, निष्कामता, निर्ममता आदि जितने भी 'स्वयं' के धर्म हैं, वे सब स्वधर्म हैं। त्याग (कर्मयोग), बोध (ज्ञानयोग) और प्रेम (भक्तियोग) - ये तीनों स्वतःसिद्ध होने से स्वधर्म हैं। संसार से सम्बंधित सभी धर्म परधर्म हैं। योगी होना स्वधर्म है और भोगी होना परधर्म है। निर्लिप्त रहना स्वधर्म है और लिप्त रहना परधर्म है। सेवा करना स्वधर्म है और अपने लिए कुछ भी चाहना परधर्म है। अनासक्त होना स्वधर्म है और आसक्त होना परधर्म है। अर्थात प्रकृति के सम्बन्ध के बिना होने वाला सब स्वधर्म है और प्रकृति के सम्बन्ध से होने वाला सब परधर्म है। अन्य वर्ण, आश्रम आदि का धर्म (कर्तव्य) बाहर से देखने में गुण-संपन्न हो, उसके पालन में भी सुगमता हो, पालन करने में मन भी लगता हो, धन-वैभव, मान-बड़ाई, सुख-सुविधा आदि भी मिलती हो और जीवन भर सुख-आराम से रह सकते हों, तो भी उस परधर्म का पालन अपने लिए विहित न होने के कारण परिणाम में भय को देने वाला है। इसके विपरीत अपने वर्ण, आश्रम आदि का धर्म बाहर से देखने में गुणों में कमी वाला हो, उसके पालन में कठिनाई हो, पालन करने में मन भी न लगता हो, धन-वैभव सुख-सुविधा, मान-बड़ाई भी न मिलती हो और इसके पालन में जीवन भर कष्ट ही सहना पड़ता हो तो भी

उस स्वधर्म का निष्काम भाव से पालन करना कल्याणकारी है। स्वधर्म के पालन में राग द्वेष होने से ही पाप लगता है, वरना नहीं। वर्ण, आश्रम आदि के अनुसार अपने अपने कर्तव्य का निस्वार्थ भाव से पालन करना ही स्वधर्म है।

कर्मों के अनुसार जन्म है, गुणों के अनुसार कर्म।
शास्त्रोचित कर्तव्य कर्म हों, तो कहलाते हैं स्वधर्म।।

ईश्वर जीवात्मा स्वयं हैं, उनसे प्रेम स्वधर्म है।
देह जगत तो अन्य हुए, इनका मोह परधर्म है।।

निर्लिप्तता स्वधर्म है, परधर्म ममता कामना।
स्वधर्म दैवी गुण सभी, परधर्म प्रकृति से जना।।

परधर्म से उत्तम स्वधर्म है, चाहे कष्टों से होता भरपूर।
गुण न दिखें ना लाभ मिले, कभी स्वधर्म से ना हो दूर।।

इस पर अर्जुन ने पूछा कि स्वधर्म कल्याणकारी है और परधर्म भयावह - ऐसा जानते हुए भी मनुष्य स्वधर्म में प्रवृत्त नहीं होता है, इसका क्या कारण है?

बुद्धिमान और जानकार भी, क्यों संसारी हो जाते हैं।
किस शक्ति के वश में आकर, खुद को बेबस वो पाते हैं।।

इस प्रश्न के उत्तर में श्री कृष्ण समझाते हैं कि राग से कामना उत्पन्न होती है और कामना से राग बढ़ता है। 'मेरी मनचाही हो' - यही कामना है। जड़ पदार्थों के संग्रह की इच्छा, संयोगजन्य सुख की इच्छा, सुख की आसक्ति - ये सब कामना के ही रूप हैं। कामना पूरी हो जाने पर लोभ उत्पन्न होता है, जिससे और कामना का जन्म होता है। कामना जैसे प्रतीत होते हुए भी सेवा, तत्वज्ञान और भगवत्प्रेम कामना नहीं हैं। कामना करें या ना करें, फल तो मिलेगा ही। लोग कामनाओं के त्याग को कठिन मानते हैं, लेकिन सभी कामनाओं की पूर्ति भी तो संभव नहीं। कामनाओं की पूर्ति असंभव है लेकिन कामनाओं का त्याग असंभव नहीं है।

राग से उपजे कामना, कामना से राग बढ़ता।
चक्र में मानव फंसा है, इसमें आजीवन विचरता।।

नश्वर की रखते कामना, यह मूल होता पाप का।
कर्म वर्जित यह कराती, कारण बने संताप का।।

दैवी गुणों की कामना, कल्याण का आधार है।
रक्षा करें ये बंधनों से, उत्तम बहुत विचार है।।

विषयों का तो दोष न होता, विषयों से बाधा नहीं।
विवेक भटकता कामना से, बुद्धि ले जाती वहीं।।

कामना बढ़ती है ज्यों ज्यों, ढकता ही जाता विवेक।
बुद्धि को मोहित करे वह, मार्ग से भटके अनेक।।

कामना का अंत न होता, और की चाह जगाती है।
पूर्ति पर भी अंत न होता, इक जाती इक आती है।।

जिस प्रकार धुंए से ढकी होने पर भी अग्नि के होने का ज्ञान, मैल से ढका होने पर भी दर्पण का ज्ञान और जेर से ढका होने पर भी गर्भ के होने का ज्ञान सभी को रहता है, उसी प्रकार कामना से ढका होने पर भी विवेक सभी में रहता है, पर कामना के कारण उपयोग में नहीं आता है।

सात्विक बुद्धि की कामना, विवेक को धुंधला करे।
ढकता धुआं ज्यों अग्नि को, तेज अग्नि का ना घटे।।

बुद्धि राजसिक करे कामना, ओझल विवेक हो जाता है।
दर्पण पर ज्यों मैल लगी हो, साफ़ करो दिख जाता है।।

तामसिक की कामना में, यूं विवेक ढक जाता है।
जेर से ढकता गर्भ जैसे, कुछ नजर नहीं आता है।।

कामना पहले इन्द्रियों को संयोगजन्य सुख के प्रलोभन में लगाती है। फिर इन्द्रियाँ मन को अपनी ओर खींचती हैं। उसके बाद इन्द्रियां और मन मिलकर बुद्धि को भी अपनी ओर खींच लेते हैं। इस प्रकार कामना देहाभिमानी के विवेक को ढककर इन्द्रियों, मन और बुद्धि को अपने वश में कर लेती है।

देहाभिमानी व्यक्ति से, कई पाप कराती कामना।
पाप फल दे नष्ट हों, नए पाप कराती कामना।।

कामना बाधित हुई तो, क्रोध उठता जोर से।
पूर्ति में भी हानि होती, लोभ और सम्मोह से।।

जब कामना बुद्धि को हरती, बुद्धि जाती काम से।
भूल जाती उचित अनुचित, भटके नजर अंजाम से।।

उद्गम होता है इन्द्रियों से, कामना के बहाव का।
इन्द्रिय विजय से अंत हो, इस शत्रु के प्रवाह का।।

विषय इन्द्रियों के अंतर्गत आते है पर इन्द्रियां विषयों के अंतर्गत नहीं आती हैं। इन्द्रियां मन को नहीं जानतीं पर मन सभी इन्द्रियों को जानता है। इन्द्रियों में भी प्रत्येक इन्द्रिय अपने अपने विषय को ही जानती है, अन्य इन्द्रियों के विषयों को नहीं। मन बुद्धि को नहीं जानता पर बुद्धि मन को जानती है। बुद्धि का स्वामी अहं है। वही भोगों की इच्छा करता है और सुख दुःख का भोक्ता बन जाता है।

विषय इन्द्रियों को ना जानें, इन्द्रियां विषयों को पहचानें।
बिना इन्द्रियों के संगम के, विषयों को कोई कैसे जाने।।

हर इन्द्रिय का अलग विषय है, एक दूजे का विषय न जानें।
इन्द्रिय ऊपर मन होता जो, सबके विषयों को पहचाने।।

बुद्धि सूक्ष्म होती है मन से, इन्द्रियों को भी वश में लाये।
मन को यह निर्देशित करती, बुद्धि स्थिर हो समता आये।।

अहं बुद्धि का स्वामी होता, जब चाहे बुद्धि भटकाए।
चाहे जब वो सिद्धि दिला दे, चाहे सृष्टि में उलझाए।।

चौथा अध्याय

तीसरे अध्याय में श्री कृष्ण अनेक प्रकार से कर्तव्य कर्मों पर आचरण की आवश्यकता पर जोर देते हैं परन्तु इस अध्याय में कर्मयोग के तत्व को समझाते हैं। अपने वचनों को आगे बढ़ाते हुए श्री कृष्ण कहते हैं कि कर्मयोग के विषय में जो मैं बता रहा हूँ वह कोई नयी बात नहीं है। कर्मयोग तो सृष्टि के आरम्भ से ही है और सदा रहेगा। श्री कृष्ण ने कहा कि इसका ज्ञान बीच में लुप्त हो गया था और आज मैं पुनः इसका वर्णन कर रहा हूँ।

रहस्य कर्मयोग का मैंने, सूर्य से पहले कहा।
नहीं कर्मयोगी सूर्य सा, निष्काम सेवा में लगा।।

सूर्य से मनु ने सुना, आगे इक्ष्वाकु से कहा।
भेद बहुत प्राचीन है, मानो इसे ना तुम नया।।

कर्तव्य कर्म उसे कहते हैं जो सुखपूर्वक किया जा सकता है, जिसे अवश्य करना चाहिए अर्थात जो करने योग्य है और जिसे करने से उद्देश्य की सिद्धि होती है। जो नहीं कर सकते उसकी जिम्मेदारी किसी पर नहीं है और जिसे नहीं करना चाहिए वह कर्म कर्तव्य-कर्म नहीं हो सकता है। कर्तव्य कर्म के पालन में परिश्रम नहीं लगता है क्योंकि कर्तव्य कर्म सहज और

स्वाभाविक होता है। परिश्रम तब होता है जब हम अहंता, आसक्ति और कामना के साथ अपने लिए, कर्म करते हैं।

संबंध मुझ से नित्य जैसे, कर्मयोग भी नित्य है।
यह मार्ग उत्तम मोक्ष का, यह एक दैवी सत्य है।।

कर्म सदा ही होते रहते, बिना कर्म जीवन ही नहीं।
कर्मों को आधार चुना तो, योग का उत्तम मार्ग वही।।

कर्मयोग इतना सुलभ है कि जिन कर्मों से मनुष्य बंधता है वही कर्म उसके लिए मोक्षदायी हो जाते हैं। कर्मयोग की साधना में यह पूर्णतया मानना आवश्यक है कि 'मैं शरीर नहीं हूँ; जग में जो कुछ मिला है वह मेरा नहीं है; मुझे अपने लिए कुछ नहीं चाहिए और अपने लिए कुछ नहीं करना है'।

कर्मयोग तो सुलभ सदा है, जीव यदि यह राह चुने।
जो कर्म हुए बंधनकारी, वही मोक्ष का साधन बने।।

अपना तो कुछ भी नहीं, अपने लिए नहीं चाहिए।
करना नहीं अपने लिए, यह योग भेद है जानिए।।

श्री कृष्ण द्वारा कर्मयोग का रहस्य आदिकाल में सूर्य को कहे जाने की बात पर अर्जुन ने कहा कि आपका जन्म तो कुछ वर्ष पहले ही हुआ है तो फिर आपने आदिकाल से स्थित सूर्य को कर्मयोग का ज्ञान कैसे दिया? कृपया मुझे यह रहस्य समझाइये।

कुछ वर्ष पहले आपने, जन्म धरती पर लिया।
सृष्टि के आरम्भ में, उपदेश फिर कैसे दिया।।

श्री कृष्ण कहते हैं कि समय समय पर मेरे और तुम्हारे कई जन्म हो चुके है लेकिन हमारे जन्म अलग अलग प्रकार के हैं। तुम्हें अपने पूर्व जन्मों का ज्ञान नहीं लेकिन मुझे न केवल अपने बल्कि तुम्हारे भी सभी जन्मों का ज्ञान है। साधारण मनुष्यों की तरह न तो मेरा जन्म है और न ही मेरा मरण है। मैं अजन्मा होते हुए भी प्रकट होता हूँ और अविनाशी होते हुए भी अंतर्धान हो जाता हूँ। मैं कर्म और कर्मफल के परतंत्र नहीं हूँ बल्कि धर्म के रक्षण के लिए मैं स्वयं अपनी इच्छा से अवतरित होता हूँ। मानव का जन्म तो ईश्वर की तरह दिव्य नहीं हो सकता पर उसके कर्म अवश्य दिव्य हो सकते हैं। ऐसा करने के लिए उसे पूरा अवसर प्राप्त है तथा वह पूर्णतया स्वतन्त्र है। जब मनुष्य दूसरों की सेवा के लिए निष्कामभावपूर्वक कर्म करता है तब उसके कर्मों में दिव्यता और विलक्षणता स्वतःआती चली जाती है।

अनादिकाल से आज तक, कई जन्म प्राणी ने लिए।
मुझ को तो सारे याद हैं, संभव न दूजों के लिए।।

कर्म संचय करके मानव, देह त्याग कर जाते हैं।
भोगने कर्मों का फल वो, जन्म ले फिर आते हैं।।

हूँ अजन्मा अवतरित हो, इस जगत में आता हूँ।
अविनाशी मरता नहीं मैं, फिर प्रगट हो जाता हूँ।।

धर्म की जब ग्लानि होती, पृथ्वी पर मैं आता हूँ।
पुनः कर मैं धर्म स्थापना, धर्म ध्वज फहराता हूँ।।

अपने जन्म की दिव्यता बताने के पश्चात श्री कृष्ण अब अपने कर्मों की दिव्यता के विषय में बताना आरम्भ करते हैं।

कर्तव्य ना मेरा कोई, ना कुछ पाने की भूख है।
धर्म रक्षण के लिए, मैंने लिया यह रूप है।।

साधु रक्षण धर्म रक्षण, अधर्मियों के नाश को।
अवतरित हो कर्म करता, जग में पुनः प्रकाश हो।।

भक्त भगवान् की शरण जिस भाव से, जिस सम्बन्ध से, जिस प्रकार से लेता है, भगवान् भी उसी भाव से, उसी सम्बन्ध से, उसी प्रकार से उसे आश्रय देते हैं।

रागमुक्त हो मेरे आश्रित, मेरी शरण जो आता है।
भवसागर से मुक्त होता, मेरे धाम को पाता है।।

जिस रूप में स्वीकारो मन से, ईश्वर भक्ति सफल हो वैसे।
निर्भर है सब मन के भाव पर, श्रद्धा और विश्वास हों जैसे।।

कर्मों की सिद्धि (फल) शीघ्र चाहने वाले मनुष्य देवताओं की उपासना करते हैं क्योंकि मनुष्यलोक में कर्मों से उत्पन्न होने वाली सिद्धि जल्दी मिल जाती है। लेकिन ऐसी सिद्धि नाशवान है। मनुष्य के मन में विश्वास है कि कर्म किये बिना कोई भी वस्तु नहीं मिलती है। अतः वे समझते हैं कि सांसारिक वस्तुओं की तरह भगवान् की प्राप्ति भी कर्म (तप, ध्यान, समाधि आदि) करने से हो होती है। परन्तु भगवान् कर्मजन्य नहीं हैं अतः भगवत्प्राप्ति में सांसारिक वस्तुओं की प्राप्ति का नियम नहीं चल सकता है।

करते देवों की उपासना, इच्छित फल की आशा में।
मिले नहीं यदि चाहा फल, तो फिरते डूब निराशा में।।

प्रभु कहते हैं कि गुणों और कर्मों के विभागपूर्वक चारों वर्णों की रचना की गयी है। वे कहते हैं कि इस संरचना का कर्ता होने पर भी मैं अकर्ता ही हूँ।

गुण और कर्मों पर आधारित, चार वर्ण में सृष्टि रचाई।
संचालक और कर्ता हैं पर, लिप्त नहीं होती प्रभुताई।।

कर्म करूँ पर रहूं अकर्ता, सृष्टि सदा संचालित हो।
बंधन से वो मुक्त सदा है, तत्व से मुझको जाने जो।।

मनुष्य प्रभु की भांति दिव्य तो नहीं हो सकता है परन्तु अपने कर्मों को दिव्य अवश्य बना सकता है। कर्म करते हुए भी कर्म, कर्म- सामग्री और कर्मफल से अपना कोई सम्बन्ध न रखना ही कर्मों की दिव्यता है। कर्मों को दिव्य बनाने का सरल उपाय है - संसार से मिली हुई वस्तुओं को अपनी और अपने लिए न मानकर संसार की सेवा में लगा देना।

कर्म करे यदि खुद के लिए, तो भोगी वह कहलाता है।
कर्म जो करता उदासीन हो, योग सिद्धि पा जाता है।।

यदि मनुष्य में ममता, आसक्ति और फल की कामना है तो कर्म न करते हुए भी वास्तव में कर्म ही होता है। और यदि आसक्ति आदि नहीं है तो कर्म करते हुए भी कर्म नहीं होता है। जब

तक प्रकृति के साथ सम्बन्ध है तब तक कर्म करना अथवा न करना - दोनों ही कर्म हैं। अर्थात यदि निर्लिप्तता है तो कर्म करना अथवा न करना, दोनों हो अकर्म हैं। कर्मों का त्याग करना अकर्म नहीं है। साधारणतः मनुष्य शरीर और इन्द्रियों से होने वाली क्रियाओं को ही कर्म और शरीर और इन्द्रियों की क्रियाएं न होने पर अकर्म मान लेते हैं। परन्तु भगवान् ने शरीर, वाणी और मन के द्वारा होने वाली सभी क्रियाओं को भी कर्म ही माना है।

कर्म जो नेत्रों से दिखते, कर्म केवल वह नहीं।
देह मन वाणी से भी तो, कर्म होते हैं कई।।

कर्म अकर्म में अंतर समझो, विकर्म क्या होता पहचानो।
कर्मों की गति तीव्र गहन है, कर्मों में तुम भेद को जानो।।

जुड़े रहे यदि प्रकृति से, तो फलदायी सब कर्म हैं।
कर्म करो सम्बन्ध त्याग, हो जाते कर्म अकर्म हैं।।

कर्म का त्याग अकर्म नहीं है, कर्म तो सबको करना होगा।
अकर्म न मानो युद्ध त्याग को, युद्ध तो तुमको लड़ना होगा।।

धर्म कर्म तो सात्विक होते, शुभ होते आवश्यक होते।
स्वयं लाभ तो होते राजस, अन्य हानि से तामस होते।।

कामना से कर्म होते हैं और जब कामना बहुत अधिक बढ़ जाती है तब विकर्म (पाप कर्म) होते हैं। सभी निषिद्ध कर्म तो विकर्म हैं ही। फलेच्छा, ममता तथा आसक्ति से रहित होकर केवल दूसरों के हित के लिए किया कर्म ही अकर्म होता है। विहित कर्म भी यदि दूसरे का अहित करने अथवा उसे दुःख पहुँचाने के भाव से किया जाये तो वह 'विकर्म' कहलाता है। कामना नष्ट होने पर सभी कर्म अकर्म होते हैं।

इच्छा ममता रहित किये तो, कर्म अकर्म हो जाते हैं।
अन्य अहित उद्देश्य रहा तो, कर्म विकर्म कहाते हैं।।

कर्मों को अकर्म बनाता, करता नहीं विकर्म।
बुद्धिमान और योगी है वो, यही कर्म का मर्म।।

मनुष्य का जन्म कर्मों में लेन देन के व्यवहार से होता है। किसी का ऋण चुकाना है और किसी से ऋण वसूल करना है। सभी जन्मों में अनेक लोगों से लिया है और अनेक लोगों को दिया है। इस लेन-देन के व्यवहार को बंद करने से ही जन्म-मरण से छुटकारा मिल सकता है। अतः आगे से लेना बंद कर दें अर्थात अपने अधिकार को त्याग दें और हमारे पर जिनका अधिकार है उनकी सेवा करनी आरम्भ कर दें।

किसी से लेना किसी को देना, मानव ऋण में बंधा रहे।
यदि लगा रहे आना जाना, कैसे भवसागर पार करे।।

सब की सेवा करने से ही, ऋण मुक्ति हो जाएगी।
दिया करो और लेना त्यागो, युक्ति यही चल पायेगी।।

जिसके सम्पूर्ण कर्मों के आरम्भ संकल्प और कामना से रहित हैं वह बुद्धिमान है, अर्थात उसमें न तो कामनाओं के कारण संकल्प रहता है और न संकल्पों का कार्य कामना ही रहती है। ऐसा साधक कर्म और फल की आसक्ति का त्याग करने के कारण कर्मों में अच्छी तरह लगा हुआ होने पर भी कुछ नहीं करता है।

मोह ना कर्मों के फल का, तृप्त जीवन जी रहा।
करते हुए सब कर्म योगी, कर्मों से है मुक्त सदा।।

मन सदा वश में रखता, त्याग दे कामना सभी।
ऐसे साधक का न होता, पाप से सामना कभी।।

मन में रख विश्वास समर्पण, भक्ति भाव ले कर आओ।
शरणागत यदि हो जाओ तुम, बिन मांगे सब पा जाओ।।

जिसका अंतःकरण अच्छी तरह से वश में किया हुआ है, जिसने सब प्रकार के संग्रह का त्याग कर दिया है ऐसा कामनारहित कर्मयोगी केवल शरीर सम्बन्धी कर्म करता हुआ भी पाप को प्राप्त नहीं होता है। कर्मयोग में कर्म करना, अधिक करना, कम करना अथवा न करना बंधन या मुक्ति का कारण नहीं। इसके साथ जो लिप्तता (लगाव) है वही बंधन का कारण है और जो निर्लिप्तता है वही मुक्ति का कारण है।

ईर्ष्या रहित समता सहित, होते हैं योगी निष्काम।
द्वंद्व भाव जितने भी जानो, लगते सारे एक समान।।

लाभ हानि हो स्तुति या निंदा, जो मिलता सब एक सा।
सुख और दुःख दोनों को योगी, एक नजर से देखता।।

होता वही है जो होने वाला है। जो होने वाला है उसे चाहें या न चाहें, वह होगा ही; और जो नहीं होने वाला है, उसे चाहें या न चाहें, वह नहीं होगा। अपनी मनमानी करके मनुष्य व्यर्थ में फंसता है और दुःख पाता है। जिसकी आसक्ति मिट गयी है, जो मुक्त हो गया है, जिसकी बुद्धि स्वरूप के ज्ञान में स्थित है ऐसे केवल यज्ञ के लिए कर्म करने वाले मनुष्य के सम्पूर्ण कर्म नष्ट हो जाते हैं।

होना जो हो कर ही रहेगा, होनी टाल न पाओगे।
कर्मफल तो मिलता ही है, व्यर्थ प्रयास लगाओगे।।

द्वेष जिसमें रहा नहीं हो, मुक्त हुआ जो राग से।
जान ले स्वरूप अपना, कर्म रहित वो आज से।।

निस्वार्थ भाव से दूसरों के लिए कर्म करना 'यज्ञ' है। जो दूसरों के लिए ही कर्म करता है वह कर्म-बंधन से मुक्त हो जाता है। यज्ञ के लिए कर्म करने से सम्पूर्ण कर्म विलीन हो जाते हैं। साधकों की रुचि, विश्वास और योग्यता की भिन्नता के कारण साधन भी भिन्न भिन्न प्रकार के होते हैं। आगे श्री कृष्ण भिन्न प्रकार के साधनों का यज्ञ रूप से वर्णन करते हैं।

यज्ञ ब्रम्ह सत्य है, यज्ञ पदार्थ ब्रम्ह हैं।
यज्ञ कर्ता ब्रम्हरूप, आहुति भी ब्रम्ह है।।

जिससे अर्पण किया जाये वह पात्र, यज्ञ में प्रयोग में आने वाले द्रव्य पदार्थ (तिल, जौ घी आदि) आहुति देने की क्रिया और प्राप्त करने योग्य फल, यह सभी ब्रम्ह हैं। भोजन के पदार्थ, भोजन करने वाला, जठराग्नि और भोजन करने की क्रिया अर्थात जठराग्नि में अन्न की आहुति देने की क्रिया, यह सब भी यज्ञ ही हैं।

पात्र ब्रम्ह अग्नि ब्रम्ह, और यज्ञ की हर वस्तु ब्रम्ह।
ब्रम्ह में समाहित योगी, यज्ञ का फल भी है ब्रम्ह।।

भोजन की प्रक्रिया ब्रम्ह, ब्रम्ह है पकाने वाला।
उदर की अग्नि ब्रम्ह है, ब्रम्ह ही है खाने वाला।।

कुछ योगी सब कुछ प्रभु को अर्पण करते हुए परमात्मा में लीन हो जाते हैं और कुछ अग्नि में यज्ञ के द्वारा ही यज्ञ का हवन करते हैं। विवेक-विचारपूर्वक जड़ पदार्थों से विमुख हो जाना यज्ञ है। कुछ अन्य योगी समस्त इन्द्रियों, विषयों तथा वाणी आदि का संयमरूप अग्नियों में हवन करते हैं। कुछ योगी सम्पूर्ण इन्द्रियों और प्राणों की क्रियाओं को समाधियोग रूप अग्नि में हवन किया करते हैं। दूसरे कितने ही तीक्ष्ण व्रत करने वाले प्रयत्नशील साधक द्रव्यमय यज्ञ करने वाले, तपोयज्ञ करने वाले,योगयज्ञ करने वाले तथा स्वाध्यायरूप ज्ञानयज्ञ करने वाले हैं। अपने शरीर और सम्पूर्ण पदार्थों को अन्य का मानकर उनकी सेवा में लगा देना द्रव्यमय यज्ञ है। अपने कर्तव्य के पालन में जो प्रतिकूलताएं आएं उन्हें प्रसन्नतापूर्वक सह लेना तपोयज्ञ है। अंतःकरण में सदा समता रखना योगयज्ञ है। लोकहित के लिए मनन-और विचारपूर्वक पठन-पाठन करना आदि स्वाध्यायरूप ज्ञानयज्ञ है। कुछ योगी प्राणायाम द्वारा प्राणों का प्राणों में हवन किया करते हैं। परमात्मप्राप्ति के लिए जिन साधनों का यज्ञरूप में वर्णन किया गया है, उनमें आहुति का तात्पर्य है कि आहुति दी जाने वाली वस्तुओं की अलग सत्ता नहीं रहे, सब स्वाहा हो जाएं। जब तक उनकी अलग सत्ता बनी हुई है तब तक वास्तव में उनकी आहुति दी ही नहीं गयी अर्थात यज्ञ का अनुष्ठान हुआ ही नहीं।

कार्य सारे ब्रम्ह हैं, सारी क्रियाएं भी हैं ब्रम्ह।
ब्रम्ह हैं साधन सभी, ब्रम्ह को अर्पित है ब्रम्ह।।

इन्द्रिय मन और बुद्धि तीनों, इनका संयम यज्ञ बने।
साधक करता ये यज्ञ सदा, वश में अपना अहं करे।।

यत्न अनेकों करते साधक, जगत विमुख हो जाने को।
जिसको जैसा संभव लगता, वही करे प्रभु पाने को।।

द्रव्य यज्ञ करते जो साधक, जन हित में उपयोग करें।
मान के जग का जग को देते, निर्बल जन का कष्ट हरें।।

मुख्य है समता योग यज्ञ में, अंतःकरण न हो हलचल।
द्विजता में जो रहे एक सा, रहे प्रसन्न सदा हर पल।।

कठिनाई को सहना तप है, तपोयज्ञ को साधे जो।
कर्तव्यों का पालन करता, कोई परिस्थिति चाहे हो।।

वेद पुराण का पाठन कर, प्रवचन जनहित में कर देते।
गहन विचार शिक्षा प्रचार, यूँ ज्ञानयज्ञ के साधक होते।।

मन बुद्धि को वश में करके, इन्द्रियों की चंचलता थाम।
प्रभु में स्थित हो आत्म संयमी, साधक करें समाधि ध्यान।।

यज्ञ में केवल देना है, निर्वाह मात्र ही लेना है।
कार्य करें सब यज्ञ रूप, लक्ष्य यही कर लेना है।।

यज्ञ करने से अर्थात निष्कामभावपूर्वक दूसरों को सुख पहुँचाने से समता का अनुभव हो जाना यज्ञ-अमृत का अनुभव करना है। कर्म को मात्र कर्तव्य समझकर किया जाये तो वह यज्ञ हो जाता है। अपने कर्तव्य का ठीक ठीक पालन करने से यह लोक भी सुख दायक हो जाता है और परलोक भी।

सकाम यज्ञ को करने से, पुण्य तो अर्जित हो जाता है।
पुण्य क्षीण होने पर प्राणी, जन्म लिए फिर से आता है।।

कल्याण नहीं केवल कर्मों से, संबंध त्याग करना होगा।
निर्लिप्त रहो सब कर्मों में, और राग द्वेष तजना होगा।।

ज्ञानहीन श्रद्धाविहीन जो, संशय मन में रखता है।
सारे लोकों में वो अपना, पतन सुनिश्चित करता है।।

कर्मों से सम्बन्ध नहीं हो, संशय दूर हो ज्ञान से।
श्रद्धा से परिपूर्ण रहे जो, कर्म उसे नहीं बांधते।।

गुरु शरण में करके साधना, तत्व ज्ञान जो मिल पाता है।
कर्मयोग पथ चलता साधक, अनुभव उसका पा जाता है।।

जग विमुख हो जीत इन्द्रियां, श्रद्धा मन में जगाओ तुम।
श्रद्धा उत्तम कर्म है साधक, तत्वज्ञान को पाओ तुम।।

तत्वज्ञान यदि हो जाये तो, मोक्ष मार्ग खुल जाता है।
संचित और प्रारब्ध क्रियामण, कर्म सभी मिट जाता है।।

अन्धकार हो दीर्घ बहुत, अज्ञान अँधेरा हो घनघोर।
ज्ञानदीप की लौ जलने से, ज्ञान प्रकाश हो चारों ओर।।

सागर और लहरों में जैसे, सत्ता केवल जल की है।
सृष्टि और शरीर में वैसे, परमात्मा का बल ही है।।

जैसे प्रज्वलित अग्नि ईंधनों को सर्वथा भस्म कर देती है ऐसे ही ज्ञानरूपी अग्नि सम्पूर्ण कर्मों को भस्म कर देती है। जिसका योग भलीभांति सिद्ध हो गया है वह कर्मयोगी उस तत्वज्ञान को अवश्य ही स्वयं अपने आप में पा लेता है। श्री कृष्ण अर्जुन से कहते हैं कि हृदय में स्थित इस अज्ञान से उत्पन्न अपने संशय का ज्ञानरूप तलवार से छेदन करके, समता में स्थित होकर युद्ध करने के लिए प्रस्तुत हो जाओ।

हे पार्थ तुम्हें भी ऐसे ही, ज्ञान से संशय हरना है।
समता में स्थित हो कर के, कर्तव्य कर्म में लगना है।।

पांचवां अध्याय

चौथे अध्याय में श्री कृष्ण ने कर्म तथा पदार्थों का सर्वथा त्याग करके तत्वदर्शी ज्ञानी महापुरुष के पास जा कर ज्ञान प्राप्त करने की प्रथा की प्रशंसा की और अर्जुन को भी ज्ञान प्राप्त करने को कहा। अर्जुन ने समझा कि श्री कृष्ण उन्हें कर्मों का स्वरुप से त्याग कर ज्ञान प्राप्ति के लिए कह रहे हैं और इस प्रकार कदाचित युद्ध त्याग का समर्थन कर रहे हैं। लेकिन श्री कृष्ण ने उसके पश्चात कहा कि साधक उसी तत्वज्ञान को कर्मयोग के द्वारा स्वयं ही अपने आप प्राप्त कर लेता है। इस प्रकार दो अलग अलग दिखने वाली विधियों की प्रशंसा और दोनों के लिए प्रभु की आज्ञा सुनकर अर्जुन के लिए यह निर्णय करना कठिन हो रहा था कि कौन सा साधन श्रेष्ठ है। इसका निर्णय श्री कृष्ण से लेने के लिए अर्जुन उनसे प्रश्न करते हैं। अर्जुन ने पूछा कि हे केशव, आप एक ओर कर्मों का स्वरूप से त्याग करने की बात करते हैं, अर्थात ज्ञानयोग का मार्ग दिखाते हैं, और फिर कर्मयोग की भी प्रशंसा करते हैं। कृपया समझाइये कि इन दोनों साधनों में से कौन सा मेरे लिए निश्चित रूप से कल्याणकारी है।

कह स्वरूप से कर्म त्याग, मुझे कर्मयोग समझाते हो।
सबसे उत्तम जो मेरे लिए, वो मार्ग क्यों न बतलाते हो।।

उत्तर में श्री कृष्ण कहते हैं कि दोनों ही साधन निश्चयपूर्वक कल्याणकारी हैं परन्तु इन दोनों में भी कर्मसन्यास (सांख्ययोग) से कर्मयोग श्रेष्ठ है। सांख्ययोगी और कर्मयोगी, दोनों को

ही संसार से संबंध विच्छेद करना है। इसलिए दोनों ही साधकों को कर्तापन और भोक्तृत्व मिटाना आवश्यक है। सांख्ययोगी कर्तृत्व को मिटाता है और कर्मयोगी दूसरे के हित के लिए ही सब कर्म करके भोक्तृत्व को मिटाता है। कर्मों का स्वरूप से त्याग करते हुए सांख्ययोग की साधना में विवेक-विचार की मुख्यता रहती है। विवेकपूर्वक तीव्र वैराग्य के बिना यह साधना सफल नहीं होती है। इसलिए देहाभिमानियों के लिए यह साधना कठिन प्रतीत होती है। विचार करते समय तो सांख्ययोग के साधक को पदार्थों की स्वतन्त्र सत्ता न होने का आभास होता है लेकिन व्यवहार में उन पदार्थों की स्वतन्त्र सत्ता प्रतीत होने लगती है। कर्मयोग के साधक का लक्ष्य दूसरों को सुख पहुँचाने का होने के कारण उसके लिए राग मिटाना सुगम है। सांख्ययोग के बिना तो कर्मयोग हो सकता है लेकिन कर्मयोग के बिना सांख्ययोग की साधना करना कठिन है। ज्ञानयोगी तो केवल अपने लिए उपयोगी होता है, पर कर्मयोगी संसारमात्र के लिए उपयोगी है। जो सबके लिए उपयोगी होता है वह अपने लिए भी उपयोगी हो जाता है। इसलिए कर्मयोग विशेष है।

ज्ञानमार्ग है सांख्य योग, मार्ग कठिन यह होता है।
जड़ चेतन संबंध जानने, गुरु आवश्यक होता है।।

सांख्ययोग संन्यास प्रमुख, विवेक विचार प्रधान है।
आवश्यक वैराग्य भाव, दुर्लभ इसका संधान है।।

सांख्ययोग बिन कर्मयोग है, सांख्य न संभव कर्मयोग बिन।
ज्ञान बिना सेवा कर सकते, रहे ज्ञान अधूरा सेवा के बिन।।

जगत विमुखता ज्ञानयोग है, राग विमुखता कर्मयोग।
विमुखता का यदि राग रहे, ना ज्ञानयोग ना कर्मयोग।।

सांख्ययोग और कर्मयोग, इन दोनों में से किसी भी साधन का अच्छी तरह से पालन करने से लक्ष्य प्राप्ति हो जाती है। दोनों की साधन प्रणाली अलग है लेकिन साध्य तो एक ही है। सांख्ययोगी और कर्मयोगी, दोनों का ही अंत में कर्मों से अर्थात क्रियाशील प्रकृति से संबंध-विच्छेद होता है। साधनकाल में भी कर्मयोगी को जड़-चेतन से संबंध विच्छेद करने के लिए सांख्ययोगी के विवेक का उपयोग करना पड़ता है। सांख्ययोगी को भी कर्मयोगी की अपने लिए कर्म न करने की पद्धति अपनानी पड़ती है। शरीर को संसार की सेवा में लगा देना कर्मयोग है और शरीर से स्वयं अलग हो जाना सांख्ययोग है।

कर्मयोग और सांख्ययोग में, अलग हैं साधन साध्य एक हैं।
संन्यास जरूरी दोनों में ही, मार्ग अलग आराध्य एक हैं।।

कर्मयोग हो ज्ञानयोग हो, सिद्ध हुआ जिसमें योगी।
मिटे कामना मृत्यु का भय, मुक्ति उसी पथ से होगी।।

कर्मयोगी का ज्ञानमार्ग पर, चलन सुगम हो जाता है।
योगी यदि हो मननशील, वैराग्य शीघ्र पा जाता है।।

जिसकी इन्द्रियां अपने वश में हैं, जिसका अंतःकरण निर्मल है, जिसका शरीर अपने वश में है और सम्पूर्ण प्राणियों की आत्मा ही जिसकी आत्मा है, ऐसा कर्मयोगी कर्म करते हुए भी लिप्त नहीं होता। कर्मयोगी को सम्पूर्ण प्राणियों के साथ अपनी एकता का अनुभव हो जाता है। सांख्ययोगी (ज्ञानयोगी) शरीर और अंतःकरण की प्रत्येक क्रिया करते हुए भी ऐसे मानता है कि इन्द्रियां ही इन्द्रियों के विषयों में बरत रही हैं और वह कुछ भी नहीं करता है।

इन्द्रिय विजय शुद्ध विचार, निर्मल मन वह सदा रहे।
रागरहित निर्लिप्त साधना, योगी के लक्षण यही कहे।।

क्रिया सभी प्रकृति में होती, इन्द्रियां ही विषयों में बरतें।
'स्वयं' सदा है क्रियाहीन, तत्वज्ञान इसको ही कहते।।

जो भक्तियोगी सम्पूर्ण कर्मों को परमात्मा में अर्पण आसक्ति का त्याग करके करता है वह जल से कमल के पत्ते की तरह पाप से लिप्त नहीं है। सम्पूर्ण क्रियाओं और पदार्थों को कर्मयोगी संसार को, ज्ञानयोगी प्रकृति को और भक्तियोगी भगवान् को अर्पण करता है।

सब ओर प्रभु की सत्ता है, भक्तियोगी जानता।
हर क्रिया हर वस्तु में, सामर्थ्य है भगवान् का।।

भक्तियोगी प्रभु में रम, सब में उन्हें देखा करे।
रहे कमल सा अनछुआ, हर वक्त आनंदित रहे।।

वस्तु कर्म सौंपे सभी, कर्मयोगी संसार को।
माने प्रकृति का ज्ञानयोगी, भक्त दे भगवान् को।।

भलाई करना उतना आवश्यक नहीं है जितना बुराई का त्याग करना आवश्यक है। भलाई करने से केवल समाज का हित होगा जबकि बुराई का त्याग करने से विश्वमात्र का हित हो जायेगा। यदि भीतर से बुरा भाव दूर न हुआ और भलाई करें तो इससे केवल अभिमान आएगा। वैसे भी, बुराई त्यागने से केवल भलाई ही होगी।

स्वार्थ न हो ना अपनी बड़ाई, न क्रोध हो ना कोई लड़ाई।
सभी की सेवा में है भलाई, उत्तम नहीं है किसी की बुराई।।

भलाई जैसा दिखने वाला परिजनों से युद्ध न करने का विचार मन में आने के कारण अर्जुन ने कर्तव्य पालन जैसे कर्म को भी गलत मान लिया था।

बुराई से बुरा भलाई का मान, बढ़ता अहं बढ़े अभिमान।
बन के भलाई जो आये बुराई, उसे पहचानो रहो सावधान।।

भोगों की कामना तथा सत्संग आदि के द्वारा मिले अंतःकरण के संस्कार मनुष्य को सदा द्वंद्व भाव में रखते हैं और वह दृढ़निश्चयी नहीं हो पाता है। इस द्वंद्व के कारण उसे राग-द्वेष दूर करने में बहुत कठिनाई होती है और वह अनुकूलता तथा प्रतिकूलता के भावों से बाहर नहीं निकल पाता है। वास्तव में अनुकूलता के प्रति राग और प्रतिकूलता के लिए द्वेष अपनी भूल ही है। बाहर की सुखदायी-दुखदायी परिस्थितियों में सम और अंदर के सुख दुःख में वैराग्य प्राप्त कर लेना ही द्वंद्वरहित होना है।

चाहे क्या मिलता अनुकूल, या ना चाहे रुकता प्रतिकूल।
मन की केवल सोच है मानो, क्या अनुकूल क्या प्रतिकूल।।

द्वंद्व सफलता में बाधक है, सावधान रह कर्म करो।
द्वंद्व विजय करना ही होगा, योग का जो भी मार्ग चुनो।।

सुखी को देखकर ऐसा भाव आना चाहिए कि सब सुखी हो जाएं और दुखी को देखकर ऐसा भाव होना चाहिए कि कोई दुखी न रहे। सुखी को देखकर प्रसन्न होने से भोग की इच्छा

मिट जाती है; क्योंकि भोग भोगने में जो सुख मिलता है वह सुख हमें दूसरों को सुखी देखकर प्राप्त हो जाता है और हमें भोग भोगने की आवश्यकता नहीं रहती। दुखी को देखकर दुखी होने से संग्रह करने की इच्छा मिट जाती है क्योंकि अपना दुःख मिटने के लिए जिन वस्तुओं का हम संग्रह करते हैं और उपयोग करते हैं, वे स्वतः दूसरों का दुःख दूर करने में लग जाएंगी।

सुखी के सुख में सुख पाने से, सुख ही सुख हो जाता है।
भ्रात्र भाव हो मन प्रसन्न, और भोग भाव मिट जाता है।।

दुखी के दुःख में दुखी हुए तो, करुण भाव जग जाता है।
दुखी व्यक्ति की सेवा में ही, तन मन धन लग जाता है।।

कर्मफल के त्याग का अर्थ है फल की इच्छा और आसक्ति का त्याग करना, क्योंकि वास्तव में त्याग कर्मफल का नहीं फल की इच्छा का ही हो सकता है। कर्मफल की इच्छा का त्याग करने का अर्थ है कि किसी भी कर्म और कर्मफल से अपने लिए बिल्कुल भी किसी प्रकार का सुख लेने की इच्छा न रखना। इच्छा रखें न रखें, जो फल मिलने वाला है वह तो मिलेगा ही। इच्छा करने से फल को कम अथवा अधिक भी नहीं किया जा सकता है। अतः फल की कामना करना नासमझी है।

कामना यदि ना हो कोई, कर्म हम फिर क्यों करें।
है भूल ऐसी सोच मानव, बिन कर्म हम कैसे जियें।।

कर्मों के फल का त्याग नहीं, यह त्याग कोई कर ना पाए।
फल की इच्छा त्याग करे तो, साधक कर्मयोगी हो जाए।।

फल की कोई चाह न रख, मिले तो अपना भाग्य समझ।
समता का दामन छोड़ नहीं, यही कर्मफल त्याग समझ।।

कर्मों में आसक्ति रखो, संचय कर्मों का होता है।
यही कर्म प्रारब्ध बनें, फिर आना जाना होता है।।

प्रारब्ध संचित कर्मफल, प्राप्त करने जन्मना।
अच्छा बुरा होता रहे, फल तो पड़ेगा भोगना।।

संसार में तरह तरह के आडम्बर और कर्म करके देहाभिमानी मानव ईश्वर को खोजता है। वह भूल जाता है कि ईश्वर तो सब ओर सदा विद्यमान है। ईश्वर को पाने के लिए सांसारिक प्रयास करने की कोई आवश्यकता नहीं है।

प्रभु ही एकमात्र सच जानो, प्रभु की सत्ता है हर काल।
झूठा जग है भ्रमित करे मन, बिछा हुआ है मायाजाल।।

बिन प्रयास प्रभु ना मिलते, गलत धारणा है सबकी।
स्वतःसिद्ध निज प्राप्त हैं, खोज कर रहे हो जिनकी।।

जिसकी इन्द्रियां और मन वश में हैं ऐसा देहधारी पुरुष सम्पूर्ण कर्मों का विवेकपूर्वक मन से त्याग करके, न करता हुआ न करवाता हुआ, सुखपूर्वक अपने स्वरूप में स्थित रहता है। शरीर, इन्द्रियां, मन, बुद्धि आदि से बिलकुल भी सम्बन्ध न होने के कारण सांख्ययोगी उनके द्वारा होने वाली क्रियाओं का कर्ता स्वयं को नहीं मानता है।

जग में रह भी सांख्ययोगी, स्थित स्वरूप में रहता है।
इन्द्रियों को वश में रख के, अपने कर्मों को करता है।।

प्रभु सृष्टि की रचना करें, फिर भी अकर्ता ही रहें।
मान कर्ता कर्म करता, मानव क्यों उलझा रहे।।

ईश्वर मनुष्यों के न तो कर्तापन की, न कर्मों की और न ही कर्मफल के साथ संयोग की पूर्व रचना करते हैं। जो होता है वह मनुष्य के अपने स्वभाव के कारण होता है। ईश्वर तो केवल

प्रारब्ध के अनुसार कर्मफल देकर मानव को शुद्ध करते हैं। कर्तत्व, कर्म और कर्मफलसंयोग - तीनों ही जीव के अपने बनाये हुए हैं, इसलिए वह स्वयं ही इनका त्याग करके निर्लिप्तता का अनुभव कर सकता है।

कर्म कर्तापन चयन को, ईश्वर निश्चित ना करें।
होता चयन स्वभाव से, गुण में गुण बरता करें।।

ईश्वर कर्म नहीं करते हैं, और ना ही करवाते हैं।
प्रकृति के अधीन हो मानव, पाप पुण्य कर जाते हैं।।

यदि कर्म रहें प्रभु निश्चय से, फल का निर्णय कैसे होगा।
कैसी आवश्यकता समता की, उद्धार कभी कैसे होगा।।

मोहजाल में उलझा प्राणी, खुद संसारी हो जाता है।
मैं मेरा का जाप करे और, बंधन में फंस जाता है।।

कर्म कर्मफल अपना मान, क्यों बंधन में फंस जाना है।
यदि प्रभु को अर्पित कर दोगे, उद्धार तभी हो जाना है।।

पाना है यदि कुछ संसारी, श्रम प्रयास से मिलना है।
सत्य की खोज मेहनत नहीं, केवल चिंतन करना है।।

जिसका अंतःकरण समता में स्थित है, उसने जीवित अवस्था में ही सम्पूर्ण संसार को जीत लिया है अर्थात वह जीवन्मुक्त हो गया है। ऐसे समदर्शी महापुरुष को संसार का बड़ा से बड़ा सुख भी आकर्षित नहीं कर सकता और बड़ा से बड़ा दुःख भी विचलित नहीं कर सकता। यद्यपि उसे अनुकूलता प्रतिकूलता का ज्ञान होता है तथा उसके द्वारा यथोचित चेष्टाएं भी होती हैं परन्तु अनुकूलता-प्रतिकूलता का उसके अंतःकरण पर कोई असर नहीं पड़ता है। जो अपने शरीर की तरह ईश्वर को सब जगह सम देखता है और सुख दुःख को भी सब जगह सम देखता है, वह योगी परम श्रेष्ठ माना गया है। जो अनुकूल पदार्थ और परिस्थिति आदि के प्राप्त होने पर हर्षित न हो और प्रतिकूल पदार्थ और परिस्थिति आदि के आने पर दुखी न हो, वह स्थिरबुद्धिवाला ज्ञानी है।

हर प्राणी में एक ही ईश्वर, अलग है चाहे ताना बाना।
एक नजर से सबको देखो, सुगम रहेगा समता पाना।।

विद्या विनय हों आभूषण, सुख देकर सुख पाता है।
सत्य असत्य में अंतर जाने, ज्ञानी वह कहलाता है।।

समदर्शिता जो पा गया, ज्ञानी वह कहलाये।
सुख आकर्षित ना करे, दुख निकट न आये।।

प्रियता में हर्षित ना होता, अप्रियता में दुःख न मनाये।
स्थिर बुद्धि ज्ञानी बनता, प्रभु की कृपा उसे मिल जाये।।

इन्द्रियों और विषयों के संयोग से पैदा होने वाले सुख (भोग) नाशवान हैं और केवल दुःख के ही कारण बनते हैं।

भोग प्राप्ति वश में नहीं, प्रारब्ध रहे मिल जाय।
प्रभु प्राप्ति संभव सुगम, प्रभु में धूनि रमाय।।

इन्द्रिय विषय संयोग से, सुख आभास जो होता धारण।
समय से घटता जाता है, बन जाता है दुःख का कारण।।

काम-क्रोध यदि प्रकट हों, मानव आपा खोय।
कारण ही यदि जीत लो, काम-क्रोध क्यों होय।।

केवल परमात्मा में सुख वाले, केवल परमात्मा में ही रमण करने वाले और केवल परमात्मा में ज्ञानवाले सांख्ययोगी निर्वाण को प्राप्त होते हैं। जिनका शरीर-मन-बुद्धि -इन्द्रियों सहित वश में है, जो सम्पूर्ण प्राणियों के हित में लगे हुए हैं, जिनके सम्पूर्ण संशय मिट गए हैं, जिनके सम्पूर्ण दोष नष्ट हो गए हैं, वे विवेकी सांख्ययोग साधक निर्वाण को प्राप्त होते हैं। काम-क्रोध से सर्वथा रहित, जीते हुए मन वाले और स्वरूप का साक्षात्कार किये हुए सांख्ययोगियों के लिए निर्वाण निश्चित है।

ईश्वर में ही सुख पाता, रखता ईश्वर में ध्यान।
ब्रम्ह का अनुभव हो जाये, प्राप्त करे निर्वाण।।

मन बुद्धि वश में रहें, हों संशय दोष समाप्त।
ऐसा विवेकी सांख्ययोगी, ब्रम्ह स्थिति को प्राप्त।।

हो काम क्रोध से रहित, मन पर विजय सम्पूर्ण हो।
रहते हुए इस लोक में, हर साधना परिपूर्ण हो।।

जिस तत्व को ज्ञानयोगी और कर्मयोगी प्राप्त कर सकते हैं उसी तत्व को ध्यानयोगी भी प्राप्त कर सकते हैं।

नासिका समवायु कर, समबुद्धि होता जगवियोगी।
लीन रहता ध्यान में, ऐसा मुनि है ध्यानयोगी।।

अर्पित करो शुभ कर्म अपने, अशुभ अर्पण से परे।
सबसे दयालु सबके पालक, हैं मुक्तिदाता सांवरे।।

छठा अध्याय

श्री कृष्ण कहते हैं कि कर्मफल का आश्रय न लेकर जो कर्तव्य कर्म करता है वही सन्यासी तथा योगी है। अर्जुन ने जिसे संन्यास मान लिया था वह वास्तव में संन्यास है ही नहीं। कर्मफल का आश्रय छोड़कर अपने कर्तव्यरूप कर्म को केवल दूसरों के हित के लिए कर्तव्य-बुद्धि से करना ही सच्चा संन्यास है। स्थूल, सूक्ष्म और कारण शरीर, इन तीनों का आश्रय न लेना ही 'कर्मफल का आश्रय न लेना' है और इन तीनों से केवल संसार के हित के लिए कर्म करना ही 'कर्तव्य कर्म करना' है। इन्हें अपना और अपने लिए नहीं मानना है।

वस्तु व्यक्ति और क्रिया, संसार के स्वरूप हैं।
कर्मों का कारण बनें यह, फल लाते अनुरूप हैं।।

लोग जिसे संन्यास कहते हैं उसी को योग समझना चाहिए। जैसे सन्यासी सदा त्यागी होता है ऐसे ही कर्मयोगी भी सर्वथा त्यागी होता है। संन्यास और योग की साधना अलग अलग हैं पर संकल्पों के त्याग में दोनों एक ही हैं।

योग मार्ग चलते साधक को, कर्तव्य कर्म करना ही होगा।
कामना त्याग पर्याप्त नहीं, संकल्प त्याग करना होगा।।

खाली हाथ जगत में आये, खाली हाथ ही जाना है।
प्रकृति ने पाला जीवन भर, ऋण प्राणी ने चुकाना है।।

जो पाते अपना कहते हो, करते संग्रह करते भोग।
प्रकृति का प्रकृति को दे दो, संभव तभी प्रभु संयोग।।

जब तक साधक प्राकृत चीज़ों को संसार की सेवा में नहीं लगाता है तब तक वह योग में अर्थात समता में स्थित नहीं हो सकता है। योगारूढ़ होने के लिए कर्म करना आवश्यक है क्योंकि कर्म करने से ही ज्ञात होगा कि हमने समता पा ली है अथवा नहीं। जिस समय साधक न इन्द्रियों के भोगों में, न कर्मों में और न मनचाहा करने में आसक्त होता है उस समय वह सम्पूर्ण संकल्पों का त्यागी और योगारूढ़ कहा जाता है। योगारूढ़ साधक भूतकाल की चिंता और भविष्य के लिए संकल्प करने के स्थान पर सदा वर्तमान में आयी परिस्थिति का सदुपयोग करता है।

कर्म बिना नहीं योग साधना, नहीं कामना सा कोई रोग।
समता जीवन में अपना लो, बिन समता नहीं कोई योग।।

भोगी और योगी कर्म करें, उद्देश्य में अंतर भारी है।
जग से लिपटा रहे एक, दूजे का लक्ष्य मुरारी है।।

भूतकाल तो चला गया है, भविष्य आगमन होना है।
सदुपयोग हो वर्तमान का, क्यों संकल्पों में खोना है।।

मनुष्य को अपने उद्धार के लिए स्वयं ही निर्णय लेकर स्वयं ही प्रयास करना होगा। उद्धार के लिए आवश्यक सामग्री तथा सुविधा सदा उपलब्ध है।

उद्धार अगर करना है तो, निर्णय खुद ही लेना होगा।
मन में रख श्रद्धा विश्वास, खुद प्रयास करना होगा।।

जिसने असत् पदार्थों का सर्वथा त्याग कर दिया है और अपने समरूप में स्थित हो गया है, उसने अपने आप को जीत लिया है। जिसने अपने आप को जीत लिया है वह आप ही अपना बंधु है और जिसने अपने आप को नहीं जीता है वह स्वयं से शत्रुता का व्यवहार ही करता है। शरीर, इन्द्रियां, मन बुद्धि आदि को अपने समझकर मनुष्य अपने आप को उनका अधिपति मानता है पर वास्तव में तो वह उनका दास हो जाता है। इस प्रकार उसका बर्ताव अपने साथ शत्रुता का ही माना जायेगा। जो हानि शत्रु करता है वही हानि वह खुद अपनी करता है। शरीर में मैं-मेरापन न रहे तो मानव आप ही अपना मित्र है और शरीर को मैं-मेरा माने तो स्वयं ही अपने शत्रु की तरह है। जिसने अपने आप पर विजय पा ली है उस अनुकूलता-प्रतिकूलता, मान-अपमान में निर्विकार मनुष्य को परमात्मा नित्य प्राप्त हैं।

अपने उद्धार पतन का प्राणी, खुद ही कारण होता है।
मित्र स्वयं है शत्रु स्वयं, जैसा चाहे वह होता है।।

संसार को माया मात्र समझ, उद्धार मार्ग पर रहे ध्यान।
खुद ही जीत लिया अपने को, खुद को अपना मित्र मान।।

मान तुम्हारा करे कोई, इसमें गुण उसका ही जानो।
बाहर भीतर शांत रहो, और उसकी सज्जनता मानो।।

जो आदर मान प्रशंसा के, मन में सपने संजोता है।
समझे अपना आधिपत्य, वह शत्रु स्वयं का होता है।।

सही प्रकार से कर्म करने का नाम 'ज्ञान' है और कर्मों की सिद्धि-असिद्धि में सम रहने का नाम 'विज्ञान' है। जिसका अंतःकरण ज्ञान-विज्ञानं से तृप्त है, जो निर्विकार, जितेन्द्रिय और समबुद्धि अर्थात समदर्शी है ऐसा साधक योगारूढ़ कहा जाता है। श्रेष्ठ आचरण करने वालों और पाप-आचरण करने वालों के साथ व्यवहार करने में तो अंतर होता है, और होना भी चाहिए, पर योगस्थ साधक के लिए उनका हित करने में और दुःख के समय उनकी सहायता करने में अंतःकरण में कोई विषम भाव नहीं होता है।

ढूंढो न बुराई किसी अन्य में, अच्छाई पर ध्यान धरो।
अवगुण चर्चा नहीं है उत्तम, अपनी कमियां दूर करो।।

जनमानस अपने और बैरी, सबका एक सा मान रहे।
सबसे आचरण में समबुद्धि, हैं ईश्वर सबमें, ध्यान रहे।।

सुखबुद्धि से संग्रह ना कर, भोगबुद्धि से कामना।
मन को अपने वश में रखो, सफल रहेगी साधना।।

तत्वज्ञान से हो समबुद्धि, समबुद्धि से तत्व ज्ञान।
समसेवा समहित साधक को, मिलता कर्मयोग सोपान।।

विषय कर्म का गहन ज्ञान, निर्विकार जितेन्द्रिय है।
समदर्शी जो नित्य रहे वह, योगी ही प्रभु को प्रिय है।।

जो समता (समबुद्धि) कर्मयोग से प्राप्त होती है वही समता ध्यानयोग से भी प्राप्त होती है। पांचवें अध्याय के अंत में प्रभु ने ध्यानयोग के विषय का केवल परिचय दिया था, अब वे

विस्तारपूर्वक बताते हैं। भोगबुद्धि से संग्रह न करने वाला, कामनारहित तथा अंतःकरण और शरीर को वश में रखने वाला योगी अकेला एकांत में स्थित होकर मन को निरंतर परमात्मा में लगाकर ध्यानयोग की साधना कर सकता है। ध्यानयोग के साधक के लिए आवश्यक है कि वह ध्यान के समय तो भगवान् के चिंतन में रहे, व्यवहार के समय भी निर्लिप्त होकर भगवान् के चिंतन में लगा रहे।

ध्यानयोग की विधि विशेष, आगे प्रभु समझाते हैं।
ध्यान प्रक्रिया कैसी होती, अर्जुन को बतलाते हैं।।

कर्मों से निवृत्त हो गए, प्रभु चिंतन की कामना।
एकांत में संभव होती है, ध्यानयोग की साधना।।

अति भोजन या अति उपवास, सफल नहीं वह साधक है।
अति निद्रा या कम विश्राम, ध्यान सिद्धि में बाधक है।।

यथा चेष्टा और परिश्रम, समुचित निद्रा और आहार।
काम रहित और भोग रहित, योग सिद्धि के हैं आधार।।

स्थान शुद्ध हो स्वच्छ हो वायु, आसन नरम बनाना है।
ऊंचा अधिक ना नीचा हो, उस पर स्थित हो जाना है।।

सुख मुद्रा हो और सुखासन, संभव हो जो दीर्घ समय तक।
चित्त इन्द्रियाँ रखो नियंत्रित, ध्यान सफल हो जाने तक।।

मस्तक गर्दन पीठ को, सीधा ही रखा जाए।
आगे झुके आलस्य हो, पीछे हो जड़ता आये।।

इधर उधर देखो नहीं, कहीं ध्यान भटक ना जाये।
नासिका पर टिके नजर, एकाग्र बिंदु मिल जाये।।

आधा मूंदो नेत्र को, पूरा मूंद न जाय।
मूंदे निद्रा घेरती, खुले दृश्य भटकाय।।

चिंताएं सब छोड़ के अपनी, ध्यान क्रिया आरम्भ करो।
विचार तो आते जाते रहते, उन पर ना तुम ध्यान धरो।।

विचार सभी संसारी हैं, स्वयं नष्ट हो जाएंगे।
पकड़ के रखोगे उनको, तो पीछे पीछे आएंगे।।

वश में किया हुआ चित्त जिस समय अपने स्वरूप में ही स्थित हो जाता है और स्वयं सम्पूर्ण पदार्थों से विच्छेद कर लेता है उस समय वह साधक योगी कहा जाता है। जैसे स्पंदनरहित वायु के स्थान में रखे हुए दीपक की लौ बिलकुल भी हिलती डुलती नहीं है, ऐसे ही योग का अभ्यास करते हुए ध्यानयोगी का चित्त स्वरूप में स्थिर हो जाता है।

शांत रखे अंतःकरण, संयमी हो सावधान हो।
ब्रम्हचर्य का प्रण रहे, केवल प्रभु में ध्यान हो।।

आसन के नियमों का, अभ्यास होना चाहिए।
घंटों स्थिर बैठे रहें, प्रयास होना चाहिए।।

अभ्यास निरंतर करने से ही, योग सिद्ध कर पाओगे।
रखो चित्त को सदा ध्यान में, परम शांति पा जाओगे।।

ध्यान के समय ध्याता, ध्यान और ध्येय, यह तीनों रहते हैं। जब तक इन तीनों का अलग अलग ज्ञान रहता है, तब तक वह 'ध्यान' कहलाता है। सर्वप्रथम ध्यानयोगी अपना ध्यातापन भूल जाता है, फिर ध्यान की वृत्ति भी भूल जाता है और अंत में केवल ध्येय ही जाग्रत रहता है। इस अवस्था को 'समाधि' कहते हैं। ध्यान में संसार के सम्बन्ध से विमुख होने पर एक विशेष शांति का अनुभव होता है। ध्यानयोग में पूर्णतया स्थित साधक को बड़े से बड़ा दुःख भी विचलित नहीं कर सकता है।

ध्याता ध्यान और ध्येय, ध्यान क्रिया के तीन अंग हैं।
ध्यान की सिद्धि होने तक, तीनों ही रहते संग हैं।।

ध्यातापन पहले खो जाता, ध्यानवृत्ति फिर बाद में।
ध्येय रहे बस कुछ न रहे, साधक चले समाधि में।।

ध्यान मार्ग के साधक का, जब योग सिद्ध हो जाता है।
दैवी प्रसन्नता धारण होती, ध्यान में स्थिर हो जाता है।।

परमानन्द की प्राप्ति होती, योग सिद्ध जब हुआ तभी।
परम तत्व के लाभ से ऊपर, कोई लाभ न हुआ कभी।।

जगत से सम्बन्ध जोड़ना, दुखों का अंबार है।
त्यागें यह सम्बन्ध तभी तो, हो पाता उद्धार है।।

उत्साह सहित निश्चय पूर्वक, योगाभ्यास जरूरी है।
समय कष्ट की चिंता बिन ही, साधना होती पूरी है।।

ध्यानयोग के साधक को चाहिए कि संकल्प से उत्पन्न होने वाली सम्पूर्ण कामनाओं का सर्वथा त्याग करके इन्द्रिय-समूह को सभी ओर से हटाकर धैर्ययुक्त बुद्धि के द्वारा संसार से धीरे धीरे उपराम हो जाये और मन-बुद्धि को परमात्मा में स्थापित करके अन्य कुछ भी चिंतन न करे।

संकल्प से उत्पन्न होतीं, कामनाओं को मिटाओ।
विषय सारे त्यागने को, इन्द्रियाँ उनसे हटाओ।।

जग चिंतन तो स्वयं ही होता, प्रभु चिंतन का करो प्रयास।
प्रभु का चिंतन किया करें, जगती प्रभु मिलने की आस।।

कर विरक्ति चिंताओं से, चिंता रहित तुम हो जाओ।
ध्यान करो परमात्मा का, वैराग्य अवस्था पा जाओ।।

जिसके सब पाप नष्ट हो गए हैं, जिसका रजोगुण शांत हो गया है तथा जिसका मन सर्वतः निर्मल हो गया ऐसे योगी को निश्चित ही सात्विक सुख प्राप्त होता है।

क्षीण तमोगुण होता ज्यों ही, और रजोगुण मंद हुआ।
तब ही उभरा सात्विक गुण, मन का भटकना बंद हुआ।।

सब जगह अपने स्वरूप को देखने वाला और ध्यानयोग से युक्त अंतःकरण वाला ध्यानयोगी अपने स्वरूप को प्राणियों में स्थित देखता है और सम्पूर्ण प्राणियों को अपने स्वरूप में देखता है। श्री कृष्ण कहते हैं कि जो भक्त सबमें मुझे और मुझमें सबको देखता है उसके लिए मैं कभी अदृश्य नहीं होता और ना ही वह मेरे लिए। मुझमें एकाकी भाव से स्थित हुआ जो भक्तियोगी सम्पूर्ण प्राणियों में स्थित मेरा भजन करता है वह सुख अथवा दुःख को समान देखता है और सब कुछ बर्ताव करता हुआ भी निरंतर मुझमें ही स्थित है।

भक्त होता है समदर्शी, देखे सबको एक सा।
कष्ट सभी का एक सा, सेवा भाव भी एक सा।।

भक्त सबको देखता, अपना अंग विचार।
कष्ट में देखे जब कभी, तुरत करे उपचार।।

पाँव में काँटा जब लगे, आँख से पानी आय।
धूल पड़े जब आँख में, पाँव चला ना जाय।।

भक्त देखे प्रभु को सब में, प्रभु में सबको देखता।
प्रभु में वो और प्रभु उसमें, दृश्य ही रहते हैं सदा।।

भक्त रहते हैं प्रभु में, भक्त में प्रभु वास है।
बोलने में दो कहें हम, एक ही आभास है।।

भक्तियोगी भक्ति में, कुछ ऐसे रम जाता है।
द्रष्टा दृश्य और दर्शन, प्रभु स्वरूप हो जाता है।।

अर्जुन ने कहा कि हे मधुसूदन, मन बड़ा ही चंचल, जिद्दी और बलवान है और मैं उसे नियंत्रण में नहीं ला पा रहा हूँ। आपने समतायुक्त जिस योग का वर्णन किया है, अपने मन की चंचलता के कारण मैं उसे समझ नहीं पा रहा हूँ।

समता साधक योग बताया, कैसे वो स्थिति पाऊं मैं।
मन चंचल है स्थिर नहीं होता, समता कैसे लाऊँ मैं।।

तीव्र गति है विचलित करता, मन हठी और बलवान है।
कठिन रोकना कठिन थामना, फिरता वायु समान है।।

श्री कृष्ण अर्जुन की बात अनुमोदन करते हुए कहते हैं कि जिसका मन पूरा वश में नहीं है उसके द्वारा योग की प्राप्ति कठिन है। परन्तु, यत्न तो करना ही होगा।

योग सिद्धि के मार्ग पर, मन को पड़ेगा बांधना।
मन यदि वश में ना रहे, कठिन योग की साधना।।

चंचल मन गतिमान है, थमता है वो प्रयास से।
केवल वियोगी जीतता, वैराग्य और अभ्यास से।।

चंचलता बाधक नहीं है, राग द्वेष ही कारण है।
राग द्वेष से मुक्त हुए तो, मन की गति साधारण है।।

अब अर्जुन श्री कृष्ण से पूछते हैं कि जिसकी साधना में श्रद्धा है, जिसने संसार के सुख-आराम, आदर-सत्कार, यश-प्रतिष्ठा आदि की कामना छोड़ दी है परन्तु उसका प्रयत्न शिथिल है, ऐसा

मनुष्य अंत समय में योग से विचलित हो जाता है तो योग सिद्धि के प्राप्त न होने पर उसकी गति क्या होगी?। शरीर त्याग के पश्चात संसार के आश्रय से रहित हुए और अंत समय में प्रभु मार्ग से विचलित हुए, अर्थात योगभ्रष्ट हुए, साधक के साधन कहीं बादलों की भांति छिन्न भिन्न तो नहीं हो जाते हैं।

श्रद्धा से करता साधना पर, लक्ष्य प्राप्त नहीं कर पाता।
साधक की क्या गति होती जो, अंत समय विचलित हो जाता।।

रहे अधूरी साधना यदि, मानव जीवन काल में।
अर्जित साधन नष्ट हुआ, या बना रहे हर हाल में।।

श्री कृष्ण बताते हैं कि ऐसे साधक के साधन का न तो इस लोक में और न ही परलोक में विनाश होता है, क्योंकि कल्याणकारी कार्य करने वाला कोई भी मनुष्य दुर्गति की ओर नहीं जाता है। उसकी योग में जितनी स्थिति बन चुकी है, उससे वह नहीं गिरता है। उसकी साधन सामग्री नष्ट नहीं होती है। उसका पारमार्थिक उद्देश्य नहीं बदलता है। वह योगभ्रष्ट पुण्यकर्म करने वालों के लोकों को प्राप्त होकर उत्तम परिवारों में जन्म लेते हैं, अथवा ज्ञानवान योगियों के कुल में जन्म लेते हैं। मनुष्य जन्म तो बहुत ही दुर्लभ है, अतः उद्धार के लिए इसका यथोचित उपयोग करना चाहिए।

सच्चे हृदय से हुई साधना, जो साधक कर जाता है।
अर्जित संस्कार बने रहते हैं, पतन न होने पाता है।।

साधक योगी अंत समय में, भूल यदि कर जाते हैं।
पुण्यलोक में जाकर वापस, उत्तम कुल में आते हैं।।

मानव चोला मूल्यवान है, इस पर गहन विचार करो।
व्यर्थ न जाने दो तुम इसको, भवसागर को पार करो।।

पुनः जन्म लेने के पश्चात उसको पहले मनुष्य जन्म की साधन-संपत्ति प्राप्त हो जाती है। उससे वह साधन की सिद्धि के लिए पुनः विशेष प्रयत्न करता है। उत्तम कुल में जन्म लेने वाला योगभ्रष्ट साधक पहले मनुष्य जन्म में किये हुए अभ्यास के कारण परमात्मा की ओर स्वतः खिंच जाता है।

फिर जो पाएं मानव चोला, मिलें योग के साधन सारे।
मोक्ष मार्ग फिर आगे बढ़ते, प्रभु ने ऐसे वचन उचारे।।

संस्कार उसे प्रभु मार्ग लगाते, प्रेरित करते भाव जगाते।
छोड़ जहाँ से गया था मानव, वहीं से आगे उसे बढ़ाते।।

साधक यूँ बढ़ता ही रहता, मोक्ष मार्ग पर चले निरंतर।
नहीं साधना थमती उसकी, कितने जीवन कई युगांतर।।

यत्न निरंतर करते सारे, पाप नष्ट हो जाते हैं।
सिद्धि सफलता प्राप्त करें, परम गति पा जाते हैं।।

सातवां अध्याय

सगुण भगवान् का जो प्रभाव है, ऐश्वर्य है, उसका कोई अंत नहीं है। उसका छोर पाना तो मानव बुद्धि के बाहर की बात है। लेकिन जो वास्तविक तत्व है, उसे मनुष्य सरलता से समझ सकता है। जैसे, सोने के कितने गहने होते हैं, इसको मनुष्य नहीं जान सकता परन्तु उन गहनों में तत्व से एक सोना ही है, इसको तो मनुष्य जान ही सकता है। ऐसे ही परमात्मा की सम्पूर्ण विभूतियों और सामर्थ्य को जानना असंभव है परन्तु उन सब में तत्व से एक परमात्मा ही हैं, इसको तो मनुष्य जान ही सकता है। संसार भगवान से ही पैदा होता है और उनमें ही लीन हो जाता है, इसलिए भगवान् ही इस संसार के महाकारण हैं। भगवान् के सिवाय और कुछ है ही नहीं, सब कुछ भगवान् ही हैं, स्वयं भगवान् ही सब कुछ बने हुए हैं। केवल भगवान् ही अपने हैं और उनका आश्रय लेना ही बुद्धिमानी है।

मुनिजन भी बूझें नहीं, ना आरम्भ न अंत।
पार नहीं सामर्थ्य का, प्रभु महिमा है अनंत।।

सृष्टि में प्रभु ना सृष्टि उनमें, प्रभु सत्ता का ना कोई छोर।
सृष्टि को प्रभु की सत्ता जानो, प्रभु ही प्रभु हैं चारों ओर।।

प्रभु अपने हैं अपने में हैं, भक्तियोगी मानता।
मन लगा करके प्रभु में, जप करे प्रभु नाम का।।

आश्रय लिए भगवान का, उन के भरोसे ही रहे।
कण कण में प्रभु को देखते, उनको नमन किया करे।

अधिकांश मनुष्य तत्काल सुख देने वाले साधनों में ही लगे रहते हैं। उसका परिणाम क्या होगा इस पर वे विचार करते ही नहीं। परमात्मतत्व की प्राप्ति कठिन या दुर्लभ नहीं है, बल्कि सच्ची लगन से इस राह पर चलने वाले बहुत कम हैं। इस राह पर चलने वाले उन साधकों में से भी कुछ विरले ही सिद्धि प्राप्त कर पाते हैं।

कोई एक हजारों में से, सिद्धि मार्ग पर जाता है।
उनमें से भी विरला कोई, तत्वज्ञान को पाता है।।

पृथ्वी, जल, तेज, वायु, आकाश, मन, बुद्धि और अहंकार यह आठों ईश्वर की अपरा प्रकृति हैं, और इस अपरा प्रकृति से अलग, जीवरूप बनी हुई उनकी परा प्रकृति है। जिस प्रकृति को लेकर ईश्वर रचना करते हैं वह उनकी अपरा प्रकृति है और उनका अंश, जीव, उनकी परा प्रकृति है। अपरा प्रकृति जड़ और परिवर्तनशील है और परा प्रकृति चेतन और परिवर्तन

रहित है। ईश्वर की परा प्रकृति होकर भी जीवात्मा अपरा प्रकृति संसार से खुद को जोड़ लेता है और जगत को स्थाई, सुन्दर और सुखप्रद मानकर 'मैं' और 'मेरा' के चक्कर में फंस जाता है। देवता, मनुष्य, पशु, पक्षी, वृक्ष, लता, घास आदि सब के सब अपरा और परा के संयोग से उत्पन्न होते हैं। ईश्वर ही इनके उद्भव और प्रलय का कारण हैं। जैसे घड़ा बनाने में कुम्हार और सोने के आभूषण बनाने में सुनार ही निमित्त कारण हैं, ऐसे ही संसार की उत्पत्ति में ईश्वर ही निमित्त कारण हैं।

अग्नि पृथ्वी और जल, वायु और आकाश।
अपरा प्रकृति प्रभु की, प्रभु का ही प्रकाश।।

बुद्धि मन और अहंकार, अपरा के ही रूप।
अपरा के बंधन से बचो, हो छाया या धूप।।

परा प्रकृति है जीव रूप, सृष्टि की सूत्राधार।
धारण करती जगत को, जीवन का आधार।।

परा प्रकृति है अति कल्याणी, अपरा केवल माया है।
अपरा त्याग परा अपना लो, प्रभु ने ही बतलाया है।।

अपरा परा के योग से, सृष्टि रचना होय।
पालन होता प्रभु में, लीन प्रभु में होय।।

ईश्वर के सिवाय जगत का दूसरा कोई मूल कारण नहीं है। जैसे सूत की मणियां सूत के धागे में पिरोयी हुई होती हैं, ऐसे ही सम्पूर्ण जगत ईश्वर में ओतप्रोत है। वास्तव में न धागा है और न मणियाँ हैं, केवल सूत ही है। इसी तरह न अपरा है और न परा है, केवल परमात्मा हैं। संसार में जितने भी प्राणी हैं वे सभी नाम, रूप, आकृति आदि से तो अलग दिखाई देते हैं पर उनमें व्याप्त रहने वाला चेतन तत्व एक ही है। अपरा और परा का भेद 'अपरा' प्रकृति के कारण ही है क्योंकि जीव अपरा के साथ संबंध जोड़कर उसकी सत्ता को महत्त्व देने लगता है और अपरा को पाने के लिए परिश्रम करता रहता है।

सृष्टि का प्रभु मूल कारण, मूल का कारण कोई नहीं है।
सृष्टि ज्यों मणियों की माला, पहनें प्रभु माला भी वही हैं।।

सूत की मणियाँ सूत का धागा, सूत सिवा कुछ और नहीं है।
परा सूत है मणियां अपरा, ये प्रभु हैं और वो भी प्रभु हैं।।

प्रभु साधन हैं कारण हैं, भोजन करते खाद्य स्वयं हैं।
वे ही रक्षित वे ही रक्षक, कर्ता हैं वे कर्म स्वयं हैं।।

मिथ्या पाने करें परिश्रम, मानें सब पुरुषार्थ वही।
मिथ्या प्राप्ति है बंधनकारी, इसमें तो पुरुषार्थ नहीं।।

प्रभु मार्ग ही मोक्ष मार्ग है, कल्याण करे धर्मार्थ है।
सत्य प्राप्ति का प्रयास ही, वास्तव में पुरुषार्थ है।।

ईश्वर की विभूतियाँ अनेक और असीम हैं। ईश्वर जलों में रस, चन्द्रमा और सूर्य में प्रकाश, वेदों में ओंकार, आकाश में शब्द और मनुष्य में पुरुषार्थ हैं। पृथ्वी में पवित्र गंध, अग्नि में तेज, प्राणियों में जीवनशक्ति और तपस्वियों में तपस्या हैं। ईश्वर ही सम्पूर्ण प्राणियों के अनादि बीज, बुद्धिमानों में बुद्धि और तेजस्वियों में तेज हैं। बलवानों में कामना, राग से रहित बल और प्राणियों में धर्मयुक्त कामना भी ईश्वर हैं। ईश्वर की अनेक विभूतियों में से कुछ यहाँ वर्णित हैं।

जल में रस सूर्य में आभा, शीतल चंद्र प्रकाश हैं।
वेदों में ओंकार प्रभु, वे ही कारण आकाश हैं।।

तपस्वियों में तप प्रभु, और पृथ्वी में सुगंध हैं।
अग्नि में हैं तेज भगवन, प्रभु की कृपा अनंत है।।

अनादि बीज सृष्टि का, प्राण शक्ति जीव में।
तेजस्वियों में तेज हैं, प्रभु बुद्धि बुद्धिवीर में।।

काम राग रहित बल, उत्साह सात्विक रूप है।
धर्मयुक्त कामना भी, प्रभु का ही स्वरूप है।।

सात्विक, राजस तथा तामस भाव ईश्वर से ही होते हैं, लेकिन न तो यह भाव ईश्वर में हैं और न ही ईश्वर इनमें हैं। अर्थात सब ईश्वर ही हैं। जो ईश्वर को ठीक से नहीं जानता है वही इन तीनों गुणों से मोहित हो जाता है। ईश्वर की इस गुणमयी माया से पार पाना बड़ा कठिन है। जो केवल ईश्वर की शरण लेते हैं वे इस माया से तर जाते हैं।

सात्विक राजस और तामस, तीनों प्रभु से होते हैं।
ना प्रभु में यह ना प्रभु इनमें, ये गुण प्रभु ही होते हैं।।

तीनों गुण होते बंधनकारी, इनसे ऊपर उठ जाओ।
केवल प्रभु में विश्वास रखो, कर्तव्य कर्म में जुट जाओ।।

गुणों की माया से मन भटके, गुण संसार चलाते हैं।
पहचान मान इनको अपनी, मानव जग में रम जाते हैं।।

भटक रहे तामसी मानव, प्रभु की शरण न जाते हैं।
मोक्ष मार्ग से मूढ़ अभागे, वंचित हो रह जाते हैं।।

गुणों की माया बड़ी निराली, दुर्गम बंधनकारी हैं।
इन से ऊपर उठ जाओ तुम, तारनहार मुरारी हैं।।

गुणों के परवश मनुष्य कल्याण के अवसर गँवा बैठता है। कामना, ममता, अहंकार आदि के सहित कर्म करता रहता है और फंसता चला जाता है। सभी गुणों के बंधनकारी होने के कारण तीनों गुणों से ऊपर उठना आवश्यक है।

माया मान को मन में रख कर, प्रभु का पूजन करने जाते।
स्वार्थ लाभ की लिए कामना, प्रभु भक्ति का ढोंग रचाते।।

काम क्रोध ममता में लिपटे, जग में कर्म करें नर-नारी।
लोभ स्वार्थ को मानें उत्तम, प्रभु कृपा के ना अधिकारी।।

कर्म योनि में जन्म मिला है, भोग योनि में क्यों बदला है।
साधक का जीवन जो जीता, प्रभु प्रेम उसको ही मिला है।।

कल्याण के अवसर अनेक, और कर्मों की आजादी है।
क्यों सुख दुख के फेरे में पड़, करता अपनी बर्बादी है।।

पवित्र कर्म करने वाले अर्थार्थी, आर्त, जिज्ञासु और ज्ञानी अर्थात प्रेमी, ये चार प्रकार के मनुष्य ईश्वर के भक्त होते हैं अर्थात उनकी शरण में होते हैं। यह सभी कामनायुक्त पुण्यकर्म करने वाले नहीं बल्कि भगवान् से सम्बन्ध जोड़कर भगवत्सम्बन्धी कर्म करने वाले हैं। अर्थार्थी आरम्भिक भक्त होता है। पूर्व संस्कारों के कारण उसमें धनादि की इच्छा रहती है और वह धनादि के लिए प्रयास भी करता है लेकिन वह समझता है कि ईश्वर के समान उसकी इच्छा पूरी करने वाला दूसरा कोई नहीं है। इस विचार से वह धनादि लाभ की प्राप्ति के लिए तत्परता पूर्वक ईश्वर के नाम का जप कीर्तन आदि करता है। आर्त भक्त प्राण-संकट आने पर अथवा मन के प्रतिकूल घटना घटने पर दुखी होकर दुःख दूर करने के लिए ईश्वर को पुकारते हैं और दुःख का निवारण केवल ईश्वर से ही चाहते हैं। जिज्ञासु भक्त में स्वरूप को, भगवत्तत्व को जानने की तीव्र इच्छा जाग्रत हो जाती है। इसके लिए वे ईश्वर के आश्रित होकर केवल उनसे ही जानना चाहते हैं। ज्ञानी भक्त को हर घटना तथा परिस्थिति ईश्वर की लीला ही लगते हैं। ऐसे ज्ञानी भक्तों में अपनी कोई भी इच्छा नहीं होती है और वे केवल ईश्वर के प्रेम में

ही मस्त रहते हैं। अर्थार्थी, आर्त और जिज्ञासु भक्तों में संसार का आकर्षण क्रमशः घटता जाता है और जब वे संसार का सम्बन्ध बिलकुल धारण नहीं करते हैं, वे ज्ञानी भक्त हो जाते हैं।

प्रभु भक्तों की श्रेणी में, चार तरह के भक्त हैं आते।
वह अर्थार्थी आर्तभक्त, जिज्ञासु और ज्ञानी कहलाते।।

अर्थार्थी प्रभु को ध्यान में लाते, प्रभु भक्ति में समय लगाते।
न्याययुक्त सुख सुविधा चाहें, केवल प्रभु की शरण में जाते।।

आर्त भक्त जब संकट पाएं, प्रभु को ही आवाज लगाएं।
रक्षण भार प्रभु को सौंपें, और प्रभु में ध्यान लगाएं।।

जिज्ञासु स्वरूप ही खोजें, भगवत्तत्व को जानना चाहें।
प्रभु पर छोड़ें मार्ग का दर्शन, जिज्ञासा से ज्ञान बढ़ाएं।।

ज्ञानी भक्त तो प्रभु के प्रेमी, कण कण में प्रभु को ही पाएं।
मानें सब कुछ प्रभु की लीला, मस्ती में जीवन को बिताएं।।

ज्ञानी भक्त हैं सबसे उत्तम, अपने लिए वो कुछ न विचारें।
प्रभु ही सबसे प्रिय हैं उनको, प्रभु को ऐसे भक्त हैं प्यारे।।

मनुष्य जन्म अनेकों जन्मों के पश्चात् उद्धार के लिए ईश्वर की ओर से अंतिम जन्म है। इस अवसर का लाभ उठाते हुए तथा ईश्वर द्वारा दी गयी कर्मों की पूर्ण स्वतंत्रता का सदुपयोग करते हुए मनुष्य को अंतिम सीढ़ी भी पार कर लेनी चाहिए। लेकिन अधिकांश मनुष्य मायाजाल में खोकर भवसागर में ही भटकते रहते हैं।

लाखों योनि में अवसर आता, मानव का चोला मिल पाता।
प्रभु भक्ति में यदि हो अर्पित, शरण प्रभु की वो पा जाता।।

मोह कामना में घिर मानव, जीवन को है व्यर्थ गंवाता।
आवागमन के फेर में रहता, माया मुक्त नहीं हो पाता।।

वस्तु रूप से ध्यान हटाओ, मिथ्या रूप को पहचानो।
नश्वर है संसार की सत्ता, ईश्वर की सत्ता को जानो।।

अलग अलग हैं सुख सुविधा, अलग अलग सारे इंसान।
मोक्ष के अवसर एक से हैं, प्रभु की कृपा है एक समान।।

बंधन नहीं कोई कर्मों पर, निष्काम कर्म ही उत्तम है।
मानव जन्म सफल हो जाये, यह प्रयास सर्वोत्तम है।।

इस लोक और परलोक की कामनाओं से जिनका ज्ञान हरा गया है, ऐसे मनुष्य अपने अपने स्वभाव से नियंत्रित होकर सरल सुहृद ईश्वर के बदले विभिन्न पूजन विधियों से बंधे हुए देवताओं की शरण में चले जाते हैं। जो जो भक्त जिस-जिस देवता का पूजन श्रद्धापूर्वक करना चाहता है उस-उस देवता में ईश्वर उस भक्त की श्रद्धा दृढ़ कर देते हैं। ईश्वर द्वारा दृढ़ की हुई श्रद्धा से युक्त होकर मनुष्य उस देवता की उपासना करता है और उसकी वह कामना पूरी भी होती है; परन्तु वह कामनापूर्ति ईश्वर के द्वारा ही विहित की हुई होती है। वास्तव में देवताओं में ईश्वर की ही शक्ति है और वे ईश्वर के ही विधान से कामनापूर्ति करते हैं। परन्तु उन तुच्छ बुद्धि वाले मनुष्यो को उन देवताओं की आराधना का केवल नाशवान फल ही मिलता है। देवताओं का पूजन करने वाले देवताओं को प्राप्त होते हैं और ईश्वर का पूजन करने वाले ईश्वर को ही प्राप्त होते हैं।

भोग सामग्री पाने हेतु, शरण देवता की सब जाते।
देव कामना पूर्ति कराएं, केवल ईश्वर मोक्ष दिलाते।।

जिन देवों में श्रद्धा रखो, प्रभु दृढ़ करते हैं विश्वास।
देवों से तो मांगे मिलता, पर प्रभु देते हैं बिन आस।।

लिए कामना भक्ति करें सब, करें देव वंदन दिन रात।
जीवन भर तो भोग ही मांगें, चाहें स्वर्ग जीवन पश्चात।।

वंदन विधि देवों की होती, सबके होते अलग विभाग।
केवल प्रेम ही चाहें भगवन, सृष्टि के स्वामी हैं आप।।

देव भक्ति में नियम अनेकों, संसारी फल आते हैं।
मांगे मिल तो जाता लेकिन, बंधन में फंस जाते हैं।।

श्रद्धा पूर्वक जो भी मांग लो, मिलता है जो हो निष्पाप।
निमित्त मात्र हैं देव सभी, सब कुछ देने वाले आप।।

देवों के अधिकार हैं सीमित, प्रभु सत्ता का है नहीं पार।
प्रभु से ही देवों की सत्ता, प्रभु उनको देते अधिकार।।

बड़ा ही माँगा करो बड़े से, छोटे दे सकते दो चार।
कृपा मांग लो कृपासिंधु से, कृपा से खुलते सारे द्वार।।

प्रभु भक्ति सीमा ना बंधन, आनंदित मन हो जाता है।
काम मोह बिन ध्यान करो तो, फल अनंत मिल जाता है।।

बुद्धिहीन मनुष्य ईश्वर के परमश्रेष्ठ अविनाशी भाव को न जानते हुए उन्हें मनुष्य की तरह शरीर धारण करने वाला और अपने समान जन्मने मरने वाला मान लेते हैं। वे भूल जाते हैं कि हर रूप में ईश्वर सर्वशक्तिमान हैं और ब्रम्हांड के संचालक हैं। सब कुछ उन्हीं की सत्ता है।

धर्म स्थापना करने को, अवतार लिए प्रभु आते हैं।
कर्म वचन आदर्श बनें, जो पालन सब कर पाते हैं।।

प्रभु अजन्मे अविनाशी, कल्याण को मानव रूप धरें।
मानव ना समझो साधारण, संचालित ब्रम्हांड करें।।

मनुष्य जन्म बहुत कीमती है और इसका एक एक पल मूल्यवान है। पीछे की घटनाओं और आने वाले भविष्य की व्यर्थ चिंता में इसे नहीं गंवाना है। वर्तमान में भी मोह, कामना, स्वार्थ-लाभ से बचते हुए कर्तव्य-कर्म पर ध्यान देना ही उत्तम है।

भूत काल तो चला गया, भविष्य तो आया नहीं।
वर्तमान गतिशील है, पल भी टिक पाया नहीं।।

मानव चोला मूल्यवान है, सदुपयोग हर पल का हो।
दुरुपयोग यदि करें कभी ना, सदुपयोग तो स्वयं ही हो।।

एक वस्तु से ध्यान हटे तो, दूजी से ना मोह लगाओ।
जग से अपनी वृत्ति हटाकर, केवल प्रभु में वृत्ति लगाओ।।

पूर्व कर्म बाधक नहीं होते, प्रभु में ध्यान लगाना है।
भक्तिमार्ग पर ना जाने का, केवल एक बहाना है।।

जन्म मरण तो आना ही है, इनका सुख और दुःख कैसा।
निष्काम कर्म में लगे रहो, स्वीकार करो जो हो जैसा।।

सगुण कहें निर्गुण कहें, निराकार साकार।
भक्त की भक्ति दृढ़ करें, जैसा रहे विचार।।

दृढ़वत होकर भजन करें, यत्न करें प्रभु नाम लें।
कृपा प्रभु की हो जाती है, सुखी रहें प्रभु धाम चलें।।

वृद्धावस्था और मृत्यु से मुक्ति पाने के लिए जो लोग प्रभु का आश्रय लेकर प्रयत्न करते हैं वे ब्रम्ह को, सम्पूर्ण अध्यात्म को और सम्पूर्ण कर्म को जान जाते हैं। यहाँ वृद्धावस्था और मृत्यु से मुक्ति पाने का तात्पर्य यह नहीं है कि ब्रम्ह, अध्यात्म और कर्म का ज्ञान होने पर वृद्धावस्था नहीं होगी, शरीर की मृत्यु नहीं होगी। इसका तात्पर्य यह है कि बोध होने के पश्चात शरीर में आने वाली वृद्धावस्था और मृत्यु तो आएगी ही, पर ये दोनों अवस्थाएं उसको दुखी नहीं कर सकेंगी। जो मनुष्य अधिभूत, अधिदैव तथा अधियज्ञ के साथ प्रभु को जानते हैं वे प्रभु में लगे हुए चित्त वाले मनुष्य अंतकाल में प्रभु को प्राप्त होते हैं।

आठवां अध्याय

अर्जुन ने श्री कृष्ण से पूछा कि हे पुरुषोत्तम, ब्रम्ह, अध्यात्म और कर्म क्या हैं, किसको अधिभूत कहा गया है, अधिदैव किसको कहते हैं? अधियज्ञ कौन है और इस देह में किस रूप में है?

पूछा पार्थ ने हे केशव, ब्रम्ह और कर्म को समझाओ।
अधिभूत अध्यात्म अधिदैव, अधियज्ञ क्या हैं बतलाओ।।

सत्य, त्रेता, द्वापर और कलि - मृत्युलोक के इन चार युगों को चतुर्युगी कहते हैं। ऐसे एक हजार चतुर्युगी बीतने पर ब्रम्हाजी का एक दिन होता है और एक हजार चतुर्युगी बीतने पर ब्रम्हाजी की एक रात होती है। दिन-रात की इस गणना के अनुसार ब्रम्हाजी की आयु सौ वर्ष होती है। इसके पश्चात् ब्रम्हाजी परमात्मा में लीन हो जाते हैं और उनका ब्रम्हलोक भी प्रकृति में लीन हो जाता है। ब्रम्हाजी के दिन के आरम्भकाल में सम्पूर्ण शरीर पैदा होते है और ब्रम्हाजी की रात के आरम्भकाल में उनमें लीन हो जाते हैं। ब्रम्हाजी के जागने पर तो 'सर्ग' होता है और ब्रम्हाजी के सोने पर 'प्रलय' होती है। जब ब्रम्हाजी की सौ वर्ष की आयु बीत जाती है, तब 'महाप्रलय' होती है। जिसमें ब्रम्हाजी भी ईश्वर में लीन हो जाते हैं। ब्रम्हाजी की जितनी आयु होती है उतना ही महाप्रलय का समय रहता है। महाप्रलय का समय बीत जाने पर ब्रम्हाजी ईश्वर से प्रगट होते हैं और 'महासर्ग' आरम्भ होता है।

ब्रम्हा जगें तो कल्प है, सृष्टि की रचना होती है।
रात्रि आगमन होने पर, विलय उन्हीं में होती है।।

शत वर्ष आयु ब्रम्हा की, फिर हो जाती महाप्रलय।
महासर्ग आने तक ब्रम्हा, ईश्वर में ही रहें विलय।।

त्यागते शरीर प्राणी, जन्म फिर पाते रहें।
आवागमन के चक्र में, आते रहें जाते रहें।।

श्री कृष्ण कहते हैं कि 'ब्रम्ह' परम अक्षर हैं। यह सच्चिदानंद, निर्गुण-निराकार परमात्मा का वाचक है। 'अध्यात्म' शब्द आत्मा अर्थात जीव के स्वरूप का वाचक है। स्थावर-जंगम जितने भी प्राणी देखने में आते हैं, उनके होनेपन को प्रकट करने के लिए जो त्याग है, उसको 'कर्म' कहते हैं। महाप्रलय के समय प्रकृति अक्रिय अवस्था में मानी जाती है तथा महासर्ग के समय प्रकृति की सक्रिय अवस्था मानी जाती है। इस सक्रिय अवस्था का कारण भगवान् का संकल्प है कि "मैं एक ही बहुत रूपों से हो जाऊं"। इस संकल्प से सृष्टि की रचना होती है। भगवान का यह संकल्प ही विसर्ग अर्थात त्याग है। यह संकल्प ही कर्मों का आरम्भ है जिससे प्राणियों की कर्म परंपरा चल पड़ती है। महाप्रलय में अहंकार और संचित कर्मों को लेकर लीन हुए जीवों का महासर्ग के समय प्रकृति के साथ विशेष सम्बन्ध करा देना अर्थात जीवों का अपने अपने कर्मों के फलस्वरूप शरीरों के साथ सम्बन्ध करा देना ही परमात्मा के द्वारा प्रकृति में

गर्भ स्थापन करना है। अलग अलग योनिओं में तरह-तरह के जितने शरीर पैदा होते हैं, उन शरीरों की उत्पत्ति में प्रकृति का योगदान है और उनमें जीव रूप में परमात्मा का अंश है। इस प्रकार प्रकृति और पुरुष के अंश से सम्पूर्ण प्राणियों का जन्म होता है।

ब्रम्ह है परम अक्षर, सब वेदों का वाचक है।
परमात्मा का नाम है, अनंत प्रभु का सूचक है।।

अध्यात्म आत्मा का वर्णन है, अध्यात्म आत्मा का है ज्ञान।
अध्यात्म ज्ञान सबसे उत्तम, इससे लेते हैं स्वरूप जान।।

महाप्रलय में प्राणी जाते, संचित कर्म साथ ले जाते।
प्रकृति प्रभु में लीन हुई तो, प्रभु में लीन हुए सो जाते।।

महासर्ग में हरि इच्छा से, प्रकृति पुरुष मिलन हो जाता।
कर्मों को आधार बना कर, योनि योनि में जीवन आता।।

सभी नाशवान पदार्थ 'अधिभूत' हैं, ब्रम्हा 'अधिदैव' हैं और इस देह में स्थित ईश्वर 'अधियज्ञ' हैं। महासर्ग के आरम्भ में भगवान् के संकल्प से सबसे पहले ब्रम्हाजी प्रकट होते हैं और फिर वे ही सर्ग के आरम्भ में सम्पूर्ण सृष्टि की रचना करते हैं। परमात्मा अर्थात ब्रम्ह ही

अध्यात्म, कर्म, अधिभूत, अधिदैव और अधियज्ञ के रूप में भिन्न भिन्न प्रतीत होते हुए भी तत्व से एक ही हैं।

अधिभूत नश्वर सृष्टि है, ब्रम्ह ही अधिदैव हैं।
आत्मा रूप स्थापित प्रभु, अधियज्ञ हैं श्रद्धेय हैं।।

जो मनुष्य अंतकाल में भी ईश्वर का स्मरण करते हुए शरीर छोड़कर जाता है, वह ईश्वर के स्वरूप को ही प्राप्त होता है। ईश्वर का स्मरण करने वाले तो ईश्वर को प्राप्त हो जाते हैं परन्तु गुणों से संबंध रखने वाले गुणों को प्राप्त होते हैं अर्थात जन्म-मरण के चक्र में चलते रहते हैं।

प्रभु का भजन नहीं किया, जीवन दिया बिताय।
जो स्मरण करे अंतिम समय, प्रभु धाम पा जाय।।

रूप अपना भूल कर, इंसान जग में खो गया।
जगत से संबंध जोड़ा, और जगत का हो गया।।

सृष्टि से संबंध मान, बस मेरा मेरा किया।
जन्म लेता ही रहा, धारण किये चोला नया।।

ईश्वर से विमुख हुए, और जगत के हो गए।
ढक गया विवेक जब, भवसागर में खो गए।।

जगत से सम्बन्ध त्याग, जो परमात्मा के हो गए।
विवेकी सजग धर्मात्मा, प्रभु राह में स्थिर हो गए।।

मार्ग तुम जो भी चुनो, यदि प्रभु चरणों को पाना हो।
बिना भक्ति संभव नहीं, किसी मार्ग भी जाना हो।।

परम गति और मोक्ष दे, वह प्रभु का ही धाम है।
अंत करे आवागमन, वैकुण्ठ उसका नाम है।।

घड़ी कौन सी आखिरी, कौन जानने पाय।
प्रभु नाम जपते रहो, भवसागर तर जाय।।

मनुष्य अंतकाल में जिस-जिस भाव का स्मरण करते हुए शरीर छोड़ता है वह उस भाव के अनुसार उस-उस योनि में चला जाता है। इसलिए हर समय मन-बुद्धि से ईश्वर का स्मरण करते हुए कर्तव्य कर्म करते रहना चाहिए। किसी अन्य का चिंतन न करने वाले चित्त से

अभ्यास सहित ईश्वर का स्मरण करते हुए शरीर छोड़ने वाला मनुष्य ईश्वर को ही प्राप्त होता है।

मन की स्थिति जो अंत में, जन्म वही तो पाना है।
अंतिम चिंतन तय करे, कौन योनि में जाना है।।

कर्म करो सिमरन करो, कोई पल छूट न पाय।
मन बुद्धि अर्पित करो, जन्म सफल हो जाय।।

प्रसन्न चित्त अभ्यास से, रहे प्रभु में ध्यान।
राखी लौ भगवान् में, देह त्याग कल्याण।।

अनन्य चित्त वाला मनुष्य (जिसका मन किसी भी दिशा में नहीं भटकता है) यदि नित्य-निरंतर ईश्वर का स्मरण करता है तो उसके लिए ईश्वर प्राप्ति सुलभ हो जाती है।

जब तक चलता रहता जीवन, कभी लाभ कभी हो मंदा।
इसमें लिपटे रहे अगर हम, यूँ ही चलेगा गोरखधंधा।।

परिस्थितियां आती जीवन में, कर्मों का फल देना होता।
नए कर्म तुम अर्जित करते, नया जन्म फिर लेना होता।।

आवागमन में फंसे रहे तो, पुनर्जन्म तुम पाओगे।
प्रभु शरण में जाओ साधक, फिर वापस ना आओगे।।

सभी योनियां हैं दुखकारी, जन्म मरण का कष्ट है भारी।
जीवन भर संघर्ष ही रहता, और फिर चलने की तैयारी।।

नित्य निरंतर स्मरण हो, स्थिर बुद्धि से नमन हो।
सदा प्रभु में लगन हो, सुलभ प्रभु से मिलन हो।।

जो व्यक्ति अंतिम समय में सर्वशक्तिमान ईश्वर का चिंतन करता है, वह भक्ति युक्त मनुष्य ईश्वर को ही प्राप्त होता है।

सर्वज्ञ अनादि व सूक्ष्म वे, अज्ञान से वो हैं परे।
उनमें लेकर भक्तिभाव, योग में स्थिर मन करे।।

पालक प्रकाशक प्रभु का, जो अंत में चिंतन धरे।
प्राणों का ऐसे त्याग हो, तो धाम ईश्वर के चले।।

इन्द्रियों का संयम, मन को वश में कर, प्राणों को मस्तक में स्थापित कर जो साधक ॐ का स्मरण करता हुआ देहत्याग करता है, वह अवश्य परमगति को प्राप्त हो जाता है।

इन्द्रियाँ संयम किये, मन को जो वश में करे।
ध्यान मस्तक पर धरे, और ॐ उच्चारण करे।।

हो निकट अंतिम घड़ी, स्थिर वो अपना मन करे।
प्राण को यूँ त्याग दे तो, परम गति उसको मिले।।

यह समर्पण की क्रिया, मृत्यु के सत्कार की।
देह त्यागते भक्त के, अंतिम व्यवहार की।।

ब्रम्हलोक तक सभी लोक पुनरावृत्ति वाले हैं, अर्थात ब्रम्हलोक तथा उससे नीचे के जितने लोक हैं, उनमें रहने वाले सभी प्राणियों को प्राप्त पुण्य समाप्त होने पर लौटकर आना ही पड़ता है। परन्तु ईश्वर को प्राप्त करने के पश्चात पुनः लौटना नहीं पड़ता है।

ब्रम्हलोक तक लोक सभी, भोग लोक कहलाते हैं।
पुण्य वहां जब खर्च हुए तो, मृत्यु लोक फिर आते हैं।।

श्री कृष्ण आगे बताते हैं कि किस मार्ग से जाने वाले लौटकर नहीं आते हैं और किस मार्ग से जाने वाले लौटकर आते हैं। जो शुक्लमार्ग में अर्थात प्रकाश की बहुलता वाले मार्ग में जाने वाले हैं, वे सबसे पहले ज्योतिस्वरूप अग्नि देवता के अधिकार में आते हैं। अग्नि देवता उन जीवों को दिन के देवता को सौंप देता है जो कि जीवों को शुक्लपक्ष के अधिपति देवता को समर्पित कर देता है। शुक्लपक्ष का अधिपति देवता उन्हें उत्तरायण के अधिपति देवता को सौंप देता है जो उन्हें ब्रम्हलोक के अधिकारी देवता को समर्पित कर देता है। इस प्रकार वे क्रमपूर्वक ब्रम्हलोक पहुँच जाते है और ब्रम्हाजी की आयु तक उनके साथ रहकर महाप्रलय में ब्रम्हाजी के साथ ही मुक्त हो जाते हैं। जिस मार्ग में धूम का अधिपति देवता, रात्रि का अधिपति देवता, कृष्णपक्ष का अधिपति देवता और दक्षिणायन का देवता है, शरीर छोड़कर उस मार्ग से गया हुआ सकाम मनुष्य उच्च धाम तक जाकर लौट आता है अर्थात जन्म-मरण को पुनः प्राप्त होता है। यहाँ जिस कृष्णमार्ग का वर्णन है, वह शुक्लमार्ग की अपेक्षा कृष्णमार्ग है। वास्तव में तो यह मार्ग ऊंचे लोकों में जाने का मार्ग है। सामान्य मनुष्य मर कर मृत्यलोक में जन्म लेते हैं, जो पापी होते हैं वे आसुरी योनि में जाते हैं और जो उनसे भी अधिक पापी होते हैं, वे नरक के कुंडों में जाते हैं। इन सबसे कृष्णमार्ग से जाने वाले श्रेष्ठ हैं।

उत्तरायण शुक्लपक्ष में, दिन के समय में जाते हैं।
ब्रम्हवेत्ता वे पुण्यात्मा, ऊर्ध्वगति को पाते हैं।।

ऊर्ध्व गति को पाकर वे, ब्रम्हालोक को आते हैं।
महाप्रलय में ब्रम्हा के संग, मोक्ष प्राप्त कर जाते हैं।।

दक्षिणायन कृष्णपक्ष में, रात्रि समय में यदि जाते हैं।
योगी सकाम जा उच्च धाम, वापस लौट के आते हैं।।

सृष्टिभोग पुनः करते हैं, कर्मों के फल पाते हैं।
करते करते योग साधना, प्रभु धाम को जाते हैं।।

कर्मों में स्वच्छंद है मानव, कर्म ही भाग्य बनाते हैं।
ऊर्ध्व मध्य या अधोगति, कर्मों के कारण पाते हैं।।

दृढ निश्चय हो प्रभु मिलन का, और सघन प्रयास हो।
देश काल से मुक्त हो गए, जाते प्रभु के पास वो।।

नौवां अध्याय

सातवें अध्याय में श्री कृष्ण द्वारा विज्ञानसहित ज्ञान कहने का प्रवाह चल रहा था। इस बीच आठवें अध्याय के आरम्भ में अर्जुन ने उनसे कई प्रश्न कर दिए। उन प्रश्नों का उत्तर विस्तार से देने के पश्चात श्री कृष्ण अब पुनः विज्ञानसहित ज्ञान का प्रवाह आरम्भ करते हैं। यह ज्ञान सम्पूर्ण विद्याओं में मुख्य है। यह अति पवित्र, अतिश्रेष्ठ तथा प्रत्यक्ष फल वाला है। इसकी महिमा पर श्रद्धा न रखने वाले मनुष्य प्रभु को प्राप्त न होकर बार-बार जन्मते -मरते रहते हैं।

सुनो ज्ञान यह गोपनीय है, जीवन में अपना लो तुम।
मुक्ति दिलाता भवसागर से, ग्रहण करो और जानो तुम।।

सारी विद्याओं का राजा, गोपनीय और पावन है।
श्रेष्ठ है उत्तम फलदायी, ज्ञान बहुत मनभावन है।।

श्रद्धा से करता जो पूजन, भार उसका प्रभु वहन करें।
प्रभु की सत्ता जो ना माने, खुद अपना ही पतन करे।।

मृत्यु बाद जन्मना होगा, जन्म लिया तो होगा मरना।
जगत प्रेम में समय गंवाया, प्रभु धाम पा जाते वरना।।

यह संसार प्रभु के स्वरूप से व्याप्त है। सम्पूर्ण प्राणी प्रभु में हैं और प्रभु प्राणियों में हैं। परन्तु प्राणी प्रभु में स्थित नहीं हैं और सम्पूर्ण प्राणियों को उत्पन्न करने वाले, प्राणियों को धारण और भरण-पोषण करने वाले प्रभु का स्वरूप भी उन प्राणियों में स्थित नहीं है। यहाँ दो विपरीत बातें कही गयी हैं। संसार में परमात्मा हैं और परमात्मा में संसार है; तथा परमात्मा संसार में नहीं हैं और संसार परमात्मा में नहीं हैं। अगर लहर की सत्ता मानी जाये तो लहर में जल है और जल में लहर है। लहर जल से ही पैदा होती है, जल में ही रहती है और जल में ही लीन हो जाती है। जल के बिना लहर की कोई स्वतन्त्र सत्ता अथवा अस्तित्व नहीं है। इसलिए लहर में जल है और जल में लहर है। इसी प्रकार संसार की सत्ता मानी जाये तो संसार में परमात्मा हैं और परमात्मा में संसार है। संसार परमात्मा से ही पैदा होता है, परमात्मा में ही रहता है और परमात्मा में ही लीन हो जाता है। इसलिए संसार में परमात्मा हैं और परमात्मा में संसार है। कार्य-कारण की दृष्टि से देखें तो मिट्टी से बने हुए जितने बर्तन हैं, उन सबमें मिट्टी ही है। वे मिट्टी से ही बने हैं, और वे मिट्टी में ही लीन होते हैं अर्थात उनका आधार मिट्टी ही है। अतः मिट्टी मिट्टी में ही रही। इसलिए बर्तनों में मिट्टी है और मिट्टी में बर्तन हैं। परन्तु वास्तव में देखा जाये तो बर्तनों में मिट्टी और मिट्टी में बर्तन नहीं हैं। अगर बर्तनों में मिट्टी होती तो बर्तनों के मिटने पर मिट्टी भी मिट जाती। परन्तु मिट्टी मिटती नहीं हैं। मिट्टी मिट्टी में ही रही अर्थात अपने आप में ही स्थित रही। ऐसे ही मिट्टी में बर्तन होते तो मिट्टी के रहने पर बर्तन हरदम रहते। परन्तु बर्तन हरदम नहीं रहते। इसलिए मिट्टी में बर्तन नहीं हैं। ऐसे ही संसार में परमात्मा के रहते हुए भी संसार में परमात्मा और परमात्मा में संसार

नहीं हैं। कारण कि अगर संसार में परमात्मा होते तो संसार के मिटने पर परमात्मा भी मिट जाते। परन्तु परमात्मा मिटते ही नहीं। इसलिए संसार में परमात्मा नहीं हैं। परमात्मा तो अपने आप में स्थित हैं। ऐसे ही परमात्मा में संसार नहीं है। अगर परमात्मा में संसार होता तो परमात्मा के रहने पर संसार भी रहता, परन्तु संसार नहीं रहता। इसलिए परमात्मा में संसार नहीं है। जैसे सब जगह विचरने वाली वायु आकाश अर्थात अंतरिक्ष में ही स्थित रहती है ऐसे ही सम्पूर्ण प्राणी ईश्वर में ही स्थित रहते हैं।

ईश्वर स्थित संसार में, ईश्वर में सारा संसार।
ईश्वर की सत्ता है सारी, वही जगत के हैं आधार।।

जगत स्थापित नहीं प्रभु में, जगत में स्थापित प्रभु नहीं।
रहें निरंतर प्रभु अविनाशी, जगत में टिकता कुछ नहीं।।

जगत से निर्लिप्त प्रभु, स्थापित स्वयं में आप हैं।
धारण कितने रूप किये, सब आप का प्रताप है।।

गतिशील नहीं जीवात्मा, अंश प्रभु का होता है।
मानें जब संबंध जगत से, गति का अनुभव होता है।।

जग भर विचरे वायु सदा, पर आसमान में बहती है।
प्राणी भटके योनि अनेकों, स्थिति प्रभु में ही रहती है।।

ब्रम्हाजी के एक दिन को कल्प कहते हैं। महाप्रलय के समय, सम्पूर्ण प्राणी प्रभु की प्रकृति को प्राप्त होते हैं और महासर्ग के आदि में प्रभु फिर उनकी रचना करते हैं, अर्थात जीवों का कर्मों के अनुसार अलग अलग योनियों के साथ विशेष सम्बन्ध करा देते हैं। इस प्रकार प्राणी मोक्ष के नए अवसर प्राप्त करते हैं।

महा प्रलय के आ जाने पर, सृष्टि अंत आ जाता है।
संचित कर्म लिए हर प्राणी, लीन प्रभु में हो जाता है।।

महासर्ग के अवसर पर, सृष्टि प्रभु रचाते हैं।
कर्मों को आधार बनाकर, प्राणी जग में आते हैं।।

महाप्रलय और महासर्ग, पुनः पुनः दोहराये जाते।
प्रकृति के परवश प्राणी, मोक्ष का नया अवसर पाते।।

महासर्ग और महाप्रलय तो, प्रकृति में ही होते हैं।
सत्ता स्फूर्ति प्रभु की होती, प्रभु इच्छा से होते हैं।।

महासर्ग में ना प्रसन्नता, महाप्रलय में शोक नहीं।
उदासीन प्रभु सदा रहें, कर्मों का बंधन भी नहीं।।

कर्म रहे ना फल रहे, रहे तो केवल कामना।
बंधन से बांधे रहे, और फलों की चाहना।।

प्रकृति प्रभु की अध्यक्षता में चराचर सहित सम्पूर्ण जगत की रचना करती है और इसी उद्देश्य से जगत में तरह तरह के बदलाव होते रहते हैं। सब कुछ प्रकृति के द्वारा ही हो रहा है लेकिन होता है ईश्वर की सत्ता स्फूर्ति से ही।

प्रकृति तीनों गुण जन्मे, जन्मे तीनों लोक।
तीनों ही गुण के प्राणी, रहते हैं हर लोक।।

चर अचर जड़ चेतन में, नित्य नए बदलाव कई।
संभव करती प्रभु प्रेरणा, होते हैं अध्यक्ष वही।।

मूर्ख लोग प्रभु के ईश्वररूप श्रेष्ठ भाव को न जानते हुए उन्हें साधारण मनुष्य मानकर उनकी अवज्ञा करते हैं। ईश्वर शरीर के आश्रित नहीं होते है। वे अपनी इच्छा से प्रकट होते हैं। उनका शरीर न तो कर्मजन्य है और न ही उन्हें कोई कर्मबन्धन होता है।

कर सकते प्रभु अंत दुष्ट का, वे यदि निर्णय लें इक बार।
फिर क्यों करने अंत पाप का, लेकर आते हैं अवतार।।

धर्म की रक्षा करने हेतु, स्वेच्छा से लेते अवतार।
प्राणी रूप धारण करते, जग से मिटाने अत्याचार।।

पाप अंत कर धर्म स्थापना, जग कल्याण कराने को।
बनें प्रेरणा रखें उदाहरण, मानव के अपनाने को।।

केवल मानव रूप लिया है, मानव उन्हें न जानो तुम।
आदि शक्ति हैं सृष्टि अधिपति, नाशवान मत मानो तुम।।

जो मनुष्य अपना स्वार्थ सिद्ध करने में, अपनी कामनापूर्ति करने में, अपने प्राणों का पोषण करने में ही लगे रहते हैं, और दूसरों को कितना दुःख हो रहा है, दूसरों को कितना नुक्सान हो रहा है - इसकी परवाह नहीं करते, वे 'आसुरी' स्वभाव वाले होते हैं। और जिनके स्वार्थ में, कामनापूर्ति में बाधा लग जाती है, उनको क्रोध आ जाता है और क्रोध में वे अपना स्वार्थ सिद्ध करने के लिए दूसरों की हानि कर देते हैं, वे 'राक्षसी' स्वभाव वाले होते हैं। जिनमें अपना न स्वार्थ है, न परमार्थ है और न अन्य से वैर है, फिर भी बिना किसी कारण के जो दूसरों का नुक्सान करते हैं, दूसरों को कष्ट देते हैं, उन्हें 'मोहिनी' स्वभाव' वाला कहा जाता

है। इन सभी अविवेकी मनुष्यों की आशाएं, कर्म और ज्ञान व्यर्थ होते हैं और इन्हें मिलने वाले फल विनाशी ही होते हैं।

मोहित असुर राक्षसी प्राणी, केवल जीवन जीते जाएं।
व्यर्थ ज्ञान और व्यर्थ कर्म हैं, व्यर्थ हैं उनकी आशाएं।।

व्यर्थ है उनकी सभी चेष्टा, नाशवान फल पाते हैं।
पाने अपने कर्मों का फल, फिर संसार में आते हैं।।

मोह कामना लिए हुए सब, भजन प्रभु का करते हैं।
नाशवान का मोह किया, अविनाशी आशा रखते हैं।।

परन्तु दैवी प्रकृति वाले महात्मा, ईश्वर को सम्पूर्ण प्राणियों का आदि और अविनाशी समझकर उनका भजन करते हैं। नित्य-निरंतर प्रभु में लगे हुए मनुष्य दृढ़व्रती होकर लगनपूर्वक साधना से प्रेमपूर्वक ईश्वर की उपासना करते हैं।

हैं दैवी सद्गुण शोभित, हैं विनम्र और निराभिमान।
त्याग करें मेरा मेरा का, रहें समर्पित हो कल्याण।।

नित्य निरंतर प्रेम से, करते हैं जो साधना।
नमस्कार प्रभु को करें, दृढ़ हो करें उपासना।।

सभी साधक अपनी रुचि, योग्यता और श्रद्धा- विश्वास के अनुसार अलग अलग साधनों से जिसकी भी उपासना करते हैं वह ईश्वर के समग्र रूप की ही उपासना होती है। वैदिक रूप से की गयी सभी क्रियाएं, यज्ञ, स्वधा (पितरों के लिए अर्पित किये जाने वाला अन्न), औषधि, घी, अग्नि, हवनरूप क्रिया,ओंकार, और सभी वेद ईश्वर स्वयं हैं। सम्पूर्ण जगत के पिता, माता, पितामह, भर्ता, आश्रय, उत्पत्ति और अविनाशी बीज भी ईश्वर ही हैं। संसार के हित के लिए ईश्वर ही सूर्यरूप से तपते हैं, जल को ग्रहण कर वर्षा करते हैं। जीवन, मृत्यु, सत् और असत् भी वे ही हैं।

भूख सभी की एक सी, भोग अनेकों लाय।
प्रभु कामना एक है, राह कोई भी जाय।।

यंत्र मंत्र अग्नि सामग्री, प्रभु ही होते हवन क्रिया।
ऋग साम और यज प्रभु, ओंकार भी प्रभु ने दिया।।

साध्य प्रभु साधक वही, पूजक वह पूजन वही।
हर जगह प्रभु का वास है, कर्ता वह कारण वही।।

प्रभु अविनाशी बीज हैं, उत्पत्ति के कारक वही।
जीवन भर माता पिता, प्रलय काल धारक वही।।

सूर्य रूप तपते भगवन, ऊर्जा ऊष्मा देते हैं।
शोषित कर जल शुद्ध करें, वर्षा से तर देते हैं।।

तीनों वेदों (ऋग्वेद, सामवेद और यजुर्वेद) में कहे हुए सकाम अनुष्ठान करने वाले मनुष्य यज्ञों के द्वारा इन्द्ररूप से प्रभु का पूजन करके स्वर्ग-प्राप्ति की कामना करते हैं। ऐसे मनुष्य पुण्यों के फलस्वरूप इंद्रलोक को प्राप्त करके स्वर्ग के देवताओं के दिव्य भोगों को भोगते हैं। उस विशाल स्वर्गलोक के भोगों को भोगते हुए पुण्य क्षीण होने पर पुनः मृत्युलोक में आ जाते हैं। जो अनन्य भक्त प्रभु का चिंतन करते हुए प्रभु की भली भांति उपासना करते है, उन भक्तों का योगक्षेम (अप्राप्त की प्राप्ति और प्राप्त की रक्षा) प्रभु स्वयं वहन करते हैं।

कर वेदों के अनुष्ठान, पालन कर सारे विधिविधान।
पापरहित कामना सहित, साधक पाते हैं इंद्रधाम।।

भोग सामग्री सुसज्जित, स्वर्ग बड़ा स्वर्गायु विशाल।
पुण्य क्षीण जब हो जाते, मृत्यु लोक फिर लाता काल।।

अनन्य भक्ति चिंतन निरंतर, प्रभु में रखते सदा ध्यान।
योग क्षेम को वहन करें प्रभु, ऐसा ही प्रभु का विधान।।

जो भक्त श्रद्धापूर्वक अन्य देवताओं का पूजन करते हैं वे भी वास्तव में ईश्वर का ही पूजन करते हैं। ईश्वर से अलग देवताओं की सत्ता ही नहीं है। वे भी ईश्वर के ही स्वरूप हैं।

दैवी सत्ता प्रभु सत्ता से, प्रभु से अलग नहीं जानो।
देवों का श्रद्धा से पूजन, प्रभु का पूजन ही मानो।।

प्रभु रचते हैं प्रभु ही रचना, जो करते सब प्रभु को जाता।
प्रभु हैं भोक्ता प्रभु संचालक, प्राणी फिर क्यों है इतराता।।

यज्ञों के स्वामी और भोक्ता, प्रभु शुभ हैं शुभ कर्म वही हैं।
इस सृष्टि में सत्य वही और, हर प्राणी का धर्म वही हैं।।

सकामभाव से देवताओं का पूजन करने वाले देवताओं को, पितरों का पूजन करने वाले पितरों को, भूत-प्रेतों का पूजन करने वाले भूत-प्रेतों को प्राप्त होते हैं। परन्तु निष्कामभाव से प्रभु का पूजन करने वाले प्रभु को ही प्राप्त होते हैं।

देवों का पूजन करते जो, देव धाम को जाते हैं।
पितरों और भूतों को पूजें, उनका धाम ही पाते हैं।।

प्रभु जीवों के तारण को, कर्मों का भार उठाते हैं।
मानें कर्ता स्वामी खुद को, वही पतन को जाते हैं।।

शास्त्रविहित कर्मों को प्राणी, प्रभु को अर्पित करते जाओ।
वर्जित कर्म नहीं करने हैं, उन कर्मों से ध्यान हटाओ।।

परा रूप है जग संचालक, मूर्ख समझ ना पाते हैं।
भूल के आभा परा रूप की, अपरा से जुड़ जाते हैं।।

यदि भक्त पत्र, पुष्प, फल, जल आदि को तल्लीन अंतःकरण से प्रेमपूर्वक प्रभु को अर्पण करता है, उस अर्पण को प्रभु अवश्य आत्मसात कर लेते हैं। साधक को चाहिए कि वह सम्पूर्ण क्रियाएं, पदार्थ और स्वयं को, प्रभु को अर्पित कर दे। इस प्रकार अर्पण करने से कर्म बंधन और कर्मों के फल से मुक्ति प्राप्त हो जाएगी।

श्रद्धा प्रेम से ओतप्रोत हो, भक्त जो अर्पित करते है।
केवल भाव परखते हैं प्रभु, आत्मसात कर लेते हैं।।

क्रिया सभी परमार्थ में हों, सांसारिक व्यवहार की।
सारी प्रभु को अर्पण कर, चिंता न करो उद्धार की।।

आहुति हो तो यज्ञ कहाए, अन्य को दें तो दान।
प्रभु अर्पण है सर्वोत्तम, अर्पण से होता कल्याण।।

अर्पण वही जो शुद्ध है, हो शास्त्रों के अनुकूल।
वर्जित का अर्पण न होता, वर्जित कर्म है भूल।।

वस्तु कर्म अर्पण सहित, खुद अर्पित हो जाओगे।
मैं और मेरा त्याग करो, फल से मुक्ति पाओगे।।

अर्पण करोगे जब सभी, पूर्ण तुम हो जाओगे।
त्याग कर मैं और मेरा, तुम तेरा हो जाओगे।।

ईश्वर सभी प्राणियों में समान हैं। न तो उनका कोई द्वेषी है और न ही कोई प्रिय है। जो प्रेमपूर्वक उनका भजन करते है, वो प्रभु में हैं और प्रभु उनमें हैं।

अंश सभी भगवान के, कृपा है एक समान।
राग द्वेष प्रभु में नहीं, कर्मों का फल जान।।

दुराचारी भी मार्ग बदल यदि, दृढ़ निश्चय हो भजन करे।
साधु ही मानो उस प्राणी को, भटका घर को गमन करे।।

दृढ़ निश्चय से प्रभु भक्ति का, भाव जहाँ जागृत होता है।
निश्चय की प्रभु रक्षा करते, पतन भक्त का ना होता है।।

वर्णाश्रम ना मापदंड है, कृपा प्रभु की पाने को।
जन्म प्रधान नहीं होता है, भक्ति मार्ग पर जाने को।।

योनि आचरण कोई हो सब, भगवत प्राप्ति के अधिकारी।
प्रभु तो केवल भाव को परखें, सज्जन हो या कोई विकारी।।

दसवां अध्याय

दूसरों के हित के लिए की गई कामना, 'कामना' नहीं कहलाती है। दूसरों के हित की कामना तो त्याग है और अपनी कामना मिटाने का मुख्य साधन है। मनुष्य को चाहिए कि वह प्राणिमात्र के हित की कामना रखते हुए ही सबके साथ यथायोग्य व्यवहार करे।

अभिलाषाएं भोग की, कामना है त्याग दो।
दूजों के हित की कामना, शुभ कर्म है करते रहो।।

यद्यपि देवताओं के शरीर, बुद्धि, लोक, सामग्री आदि सब दिव्य हैं लेकिन वे भी प्रभु के विश्वरूप से प्रकट होने के भेद को नहीं जानते हैं। इसी प्रकार बड़े बड़े तत्वज्ञ और जीवन्मुक्त महर्षि भी प्रभु के अवतारों और उनके उद्देश्यों के विषय में पूरा पूरा नहीं जानते हैं। प्रभु केवल स्वयं ही अपने-आपसे अपने-आपको जानते हैं।

आदि अंत जानें प्रभु का, न महर्षि और न देवजन।
आदि अंत होता सभी का, अनादि अजन्मे हैं भगवन।।

जो मनुष्य प्रभु को अजन्मा, अनादि और सम्पूर्ण लोकों का महान ईश्वर संदेह रहित हो स्वीकार कर लेता है वह ज्ञानवान है।

जानने के विषय नहीं प्रभु, उन्हें मानने की बात है।
श्रद्धा हो विश्वास हो जिसमें, मुक्ति पथ को प्राप्त है।।

बुद्धि, ज्ञान, असम्मोह, क्षमा, सत्य, दम, शम, सुख-दुःख, उत्पत्ति-विनाश, भय-अभय,अहिंसा, समता, संतोष. तप, दान, यश-अपयश; प्राणियों के यह सभी भाव प्रभु से ही होते हैं। (परमात्मप्राप्ति का उद्देश्य रखते हुए इन्द्रियों को अपने-अपने विषयों से हटाकर अपने वश में करना 'दम' है और मन को सांसारिक भोगों के चिंतन से हटाना 'शम' है।)

बुद्धि अहिंसा दम और शम, क्षमा सत्य और ज्ञान।
भाव प्रभु से ही होते सब, सुख दुःख तप और दान।।

नाश उत्पत्ति भय अभय, समता और संतोष।
प्रभु की सत्ता है सब में, यश अपयश सम्मोह।।

सात महर्षि, चार सनकादि तथा चौदह मनु, ये सब के सब प्रभु के मानस से पैदा हुए हैं और प्रभु में श्रद्धा रखने वाले हैं। इनकी संसार में यह सम्पूर्ण प्रजा है।

सात महर्षि चौदह मनु, और सनकादिक चार।
प्रभु मानस से प्रकट हुए, प्रजा है सब संसार।।

जो मनुष्य प्रभु की विभूतियों और उनके सामर्थ्य को तत्व से जान लेता है और उन्हें दृढ़तापूर्वक स्वीकार कर लेता है वह अविचल भक्तियोग से युक्त हो जाता है। प्रभु को श्रद्धा और प्रेमपूर्वक संसार मात्र का मूल कारण मानकर चलने वाले भक्त ही बुद्धिमान होते हैं।

कर विभूति भगवान् की, दृढ़ता से स्वीकार।
योग तत्व का ज्ञान हो, अविचल भक्ति अपार।।

प्रभु मूल कारण जगत के, देते ऊर्जा संसार को।
उनकी शरण में साधक हो, श्रद्धा और विश्वास हो।।

रमते हुए इस जगत में, हरि मनन संभव नहीं।
कमल सरीखा रह सके, भक्त है उत्तम वही।।

अर्पण सब जो भक्त करें, संतुष्ट सदा ही रहते हों।
सुनते कथा कहते कथा, जाप प्रभु का करते हों।

राग द्वेष से भटका मानव, द्वंद्व में खोया रहता है।
समता से जब द्वंद्व मिटे, एकाग्र प्रभु में होता है।।

अनन्य भाव से लीन भक्त, स्वयं ही सब पा जाता है।
समता और वैराग्य मिले, तो तत्व बोध हो जाता है।।

अज्ञानी यदि परम भक्त हो, कृपा प्रभु कर देते हैं।
ज्ञानरूप दीपक से भगवन, अन्धकार हर लेते हैं।।

प्रभु द्वारा की गयी विलक्षण कृपा की बातें सुनकर अर्जुन कहते हैं कि हे केशव, परम ब्रम्ह, परम धाम और महान पवित्र आप ही हैं। आप ही शाश्वत दिव्य पुरुष, आदिदेव, अजन्मे और सर्वव्यापक हैं। आपके प्रकट होने को न तो देवता जानते हैं और न ही दानव जानते हैं। आप स्वयं ही अपने-आपसे अपने-आपको जानते हैं। जिन विभूतियों से आप सम्पूर्ण लोकों को व्याप्त करके स्थित हैं, उन अलौकिक, विलक्षण विभूतियों का विस्तारपूर्वक वर्णन कीजिये। आपके अमृतमय वचन सुनते सुनते मेरी तृप्ति नहीं हो रही है। निरंतर चिंतन करता हुआ मैं आपको कैसे जानूं और किन किन भावों में मैं आपका चिंतन करूँ ?

आप ही हैं परम ब्रम्ह, आप ही हैं परम धाम।
शाश्वत परम पवित्र हैं, आप ही सबसे महान।।

सर्वव्यापक और अजन्मे, आदि पुरुष आप हैं।
वंदन करती सृष्टि जिनको, परम शक्ति आप हैं।।

मानना आधार होता, भक्त सदा ही मानते।
जानता कोई नहीं बस, आप खुद को जानते।।

आपसे है व्याप्त जग, यह सृष्टि चले आपसे।
जो आपकी विभूतियाँ, केशव कहें विस्तार से।।

चिंतन न कर पाते सदा, पर पाना चाहें आपको।
सिमरन करें किस भाव से, जो चाहें मुक्ति मार्ग को।।

मन न भरता पार्थ का, अमृत वचन सुनते हुए।
प्यास भी बढ़ती गयी, ज्यों ज्यों प्रभु कहते गए।।

अर्जुन की बात मानकर श्रीकृष्ण अपनी विभूतियों और योग के विषय में बताना आरम्भ करते है। अगणित विभूतियाँ होने के कारण श्रीकृष्ण कहते हैं कि मैं अपनी विभूतियाँ संक्षेप में ही कहूंगा।

विभूतियाँ अनेक हैं, पर बुद्धि सीमा से बंधी।
विस्तार तो अनंत है, संक्षेप में कहना सही।।

जगत प्रकाशक सूर्य हूँ मैं, और मरुतों का तेज भी।
ऊर्जा उष्ण अग्नि की हूँ मैं, और चन्द्रादि नक्षत्र भी।।

मैं वेदों में सामवेद हूँ, चेतना जीवों में हूँ।
इन्द्रियसाधक मन हूँ मैं, देवों में मैं इंद्र हूँ।।

मैं रुद्रों का अधिपति शंकर, यक्ष राक्षसों में कुबेर।
पावक अग्नि हूँ वसुओं में, मैं ही पर्वतराज सुमेर।।

पुरोहितों में वृहस्पति, सेनापतियों में कार्तिकेय।
जलाशयों में हूँ सागर, और वीरों में हूँ अजेय।।

महर्षियों में हूँ भृगु, और वाणियों में ओंकार।
यज्ञों में जपयज्ञ हूँ, मैं हिमालय का विस्तार।।

वृक्षों में मैं पीपल हूँ, गंधर्वों में हूँ चित्ररथ।
मैं हूं सिद्ध कपिल मुनि, मैं ही देव ऋषि नारद।।

सागर मंथन में निकले, मैं ऐरावत गजराज।
उच्चैश्रवा की आभा मैं, हूँ नर पति महाराज॥

आयुध शीर्ष वज्र हूँ मैं, कामधेनु दात्री सदैव।
सर्पाधिपति वासुकि मैं, उत्पत्ति हेतु हूं कामदेव।।

जलजंतुपति वरुण हूँ मैं, और नागों में शेषनाग।
पितरों में मैं अर्यमा हूँ, मैं ही धर्मराज यमराज।।

दैत्यों में प्रह्लाद हूँ, ज्योतिषियों में काल।
पशुओं में मैं सिंह हूँ, पक्षी गरुड़ विशाल।।

नदियों में पावन गंगा मैं, शस्त्रधारियों में हूं राम।
पावन करने में पवन, हूँ मगरमच्छ जलधाम।।

आदि मध्य और अंत सृष्टि का, शास्त्रार्थों में वाद मान।
विद्या में अध्यात्म की विद्या, मेरी ही विभूति सब जान।।

सभी अक्षरों में अकार, और समास में द्वंद्व समास।
मैं कालों में महाकाल, मैं हूँ सदा ही सबके पास।।

विस्मृतिकारक मृत्यु हूँ मैं, मैं ही जन्म का कारण भी।
स्त्रियों में स्मृति और मेधा, धृति क्षमा वाक् और श्री।।

गायन में मैं वृहत्साम, और वेदों में गायत्री छंद।
माघ मास हूँ मासों में, ऋतुओं में ऋतुराज बसंत।।

द्यूत हूँ छल करने वालों में, जीतने वालों की विजय।
सात्विक का हूँ भाव सात्विक, निश्चयी का हूँ निश्चय।।

वृष्णियों में कृष्ण हूँ, और हूँ पांडवों में पार्थ।
कवियों में कवि शुक्राचार्य, हूँ मुनियों में वेदव्यास।।

गोपनीय में संयम वाणी, दमनों में दंड का विधान।
विजयी की मैं विजयनीति, ज्ञानवानों में हूँ ज्ञान।।

हूँ प्राणियों का मूल बीज, उत्पन्न हुआ संसार हूँ।
सब चराचर प्राणियों की, उत्पत्ति का आधार हूँ।।

आकर्षक जो जगत में, है मेरी ही विशेषता।
आकर्षक विभूति मेरी, मैं ही उसका रचेयता।।

ऐश्वर्य शोभा और बल, और सारी विलक्षणता।
मेरे ही एक अंश में, उत्पन्न जानो तुम सदा।।

ग्यारहवां अध्याय

अर्जुन को भान हुआ कि सम्पूर्ण जगत जिनके केवल एक अंश में है वे स्वयं सारथी बनकर उनका रथ चला रहे हैं और उनकी आज्ञा का पालन रहे हैं। प्रभु की महत्ता और विलक्षणता का ज्ञान होते ही अर्जुन भाव विभोर हो गए और कहने लगे कि केवल मुझ पर कृपा करने के लिए जो परम गोपनीय अध्यात्म-विषयक वचन आपने कहे, उनसे मेरा मोह नष्ट हो गया है।

मुझ पर कृपा कर आपने, ज्ञान जो मुझको दिया।
अध्यात्म पथ मुझको मिला, मोह मेरा मिट गया।।

हे पुरुषोत्तम, जैसा रूप आपने बताया, मैं आपके उस ईश्वर-सम्बन्धी रूप को देखना चाहता हूँ। मेरे द्वारा यदि वह ईश्वर-रूप को देखा जा सकता है तो कृपया वह रूप मुझे अवश्य दिखाइए, और यदि आप मुझे उस रूप को देखने में समर्थ नहीं मानते हैं तो कृपया मुझमें वह सामर्थ्य दीजिये।

मिटा अन्धकार मेरा, कृपा बहुत है आपकी।
कामना दर्शन की है, आपके दिव्यरूप की।।

समर्थ ना जानें मुझे यदि, दिव्य दर्शन के लिए।
हे योगेश्वर कृपा कर, सामर्थ्य मुझको दीजिये।।

तब श्री कृष्ण कहते हैं कि हे अर्जुन, अब तुम मेरे अनेक तरह के और अनेक रंगों और आकृतियों वाले सैंकड़ों-हजारों रूपों को देखो।

मोह जगाया पार्थ के मन में, गीता प्रकट कराने को।
मन में जगाई जिज्ञासा भी, दिव्य रूप दिखलाने को।।

कई आयाम और आभा वाला, मेरा दिव्य स्वरूप।
अनेक वर्ण और आकृति वाले, देख अनगिनत रूप।।

सूर्य अनेकों चंद्र अनेकों, देख लो इनको बारम्बार।
रूप अनोखे कभी न देखे, आज देख लो कई हजार।।

देखो सृष्टि समूची मुझमें, सभी चराचर देखो पार्थ।
चाहो जो कुछ और देखना, इच्छा पूरी कर लो आज।।

जब पूरा प्रयास करने पर भी अर्जुन को कुछ दिखाई नहीं दिया तो प्रभु ने अर्जुन की सहायता के लिए उनको दिव्य दृष्टि प्रदान की।

चर्म चक्षु से देख सके ना, दिखा रहे भगवान् जो।
कृपा हुई तब कृपासिंधु की, दिव्य दृष्टि दी पार्थ को।।

हरि की लीला हरि ही जानें, मायापति कहलाते हैं।
जन कल्याण कराने हेतु, अगणित खेल रचाते हैं।।

संजय को भी महर्षि वेदव्यास से दिव्यदृष्टि मिली हुई थी, इसलिए अर्जुन के साथ संजय ने भी विश्वरूप के दर्शन किये। अब संजय उसी दिव्यदृष्टि से देखे प्रभु के विश्वरूप का वर्णन धृतराष्ट्र को करते हैं।

मुख अनेक दिव्यायुध धारे, राजन दिव्यरूप चितचोर।
दिव्य अलौकिक वस्त्राभूषण, आभा बिखरी है हर ओर।।

कुंकुम मस्तक दिव्य मालाएं, दृश्य अलौकिक रहे दिखा।
महके चंदन दिव्य बदन पर, रूप अतुल्य है केशव का।।

तेज हजारों सूर्यों का भी, इस आभा से कहीं है कम।
रूप अनंत है भगवन का, है बार बार उनको वंदन।।

देख के विश्वरूप अर्जुन को, विस्मय और रोमांच हुआ।
देख प्रभु की अतुलित आभा, हाथ जोड़कर नमन किया।।

अर्जुन भगवान् के विलक्षण रूप को देखकर उनकी स्तुति करने लगते हैं।

सभी देव और सारे प्राणी, दिव्य रूप में समाय हैं।
दिखते ब्रम्हा दिखते शंकर, दिखता ऋषि समुदाय है।।

विश्वरूप विश्वेश्वर भगवन, हाथ व मुख हैं कई अनेक।
देखूं रूप मैं सभी दिशा में, आदि अंत ना पाता देख।।

मुकुट गदा और चक्र शोभते, शंख पद्म भी धारण हैं।
अग्नि सूर्य सा तेज आपका, अप्रमेय विस्तारण है।।

अक्षर ब्रम्ह हैं आप ही, आश्रय विश्व पुरातन हैं।
धर्म की रक्षा करने वाले, अक्षय पुरुष सनातन हैं।।

सुन्दर रूप है भगवन का, चंद्र सूर्य से चमकें नयना।
अनंत भुजाओं से शोभित, आदि मध्य और अंत दिखे ना।।

अग्नि रूप मुख दमक रहे, जगत तेज से तपता है।
बड़ी निराली रूप की आभा, हर प्राणी वंदन करता है।।

धरती से स्वर्ग तक भगवन, आप ही आप समाए हैं।
अद्भुत उग्र रूप जो देखा, लोक सभी घबराए हैं।।

प्रविष्ट हो रहे देव आप में, भय धारे कीर्तन करें।
सभी सिद्ध सारे महर्षि, बस आपका वंदन करें।।

ग्यारह रूद्र आठों वसु, सब आदित्य व साधुगण।
विश्वेदेव अश्विनीकुमार, चकित हुए करते दर्शन।।

मुख अनेक जबड़े अनेक, उदरों में धधके है ज्वाला।
रूप विशाल करे भयभीत, कई जंघा और भुजा वाला।।

कई वर्णों का रूप आपका, इतना अधिक विशाल।
भयभीत कर रहा मुखमंडल, और नेत्र विकराल।।

देखे यती भीष्म कौरव सुत, द्रोण कर्ण भी जी ना पाए।
सारे योद्धा एक एक कर, आप के मुख में जा समाए।।

नदियां सभी स्वभाव से, सागर में जा समाएं।
ऐसे ही सारे योद्धा भी, मुख में आपके जाएं।।

मोहित पतंगे जल जाने को, ज्यो अग्नि में समाते हैं।
मोहित हुए संसार में, केवल विनाश ही पाते हैं।।

अग्नि से मुख में आपके, लोकों का भक्षण हो रहा।
तेजस्वी उग्र प्रकाश से, सारा जगत ही तप रहा।।

देव रूप दिखाई दे, उग्र भी तो छा रहा।
देव रूप सौम्य है, और दूसरा डरा रहा।।

भय से ग्रसित हो पार्थ ने, सखा को पहचाना नहीं।
नहीं आप से परिचय मेरा, मैंने आपको जाना नहीं।।

देव श्रेष्ठ आपको, करबद्ध नमस्कार है।
तत्व से मैं जान लूँ, मन में यह विचार है।।

भगवान् अर्जुन की इच्छा सुनकर कहते हैं,

नाश लोकों का करूँ, मैं ही अक्षय काल हूं।
संहार करने हूं यहां, धर्म की मैं ढाल हूं।।

जो खड़े प्रतिपक्ष में, वध सभी का हो गया।
तुम लड़ो या ना लड़ो, अंत निश्चित हो गया।।

उठो वीर अब युद्ध करो, शत्रु पर बन गाज गिरो।
लड़ो धैर्य से बनो यशस्वी, शत्रु जय कर राज करो।।

बन निमित्त तुम करो परिश्रम, युद्ध में कौशल दिखलाओ।
जीवन पूर्ण हुआ इन सबका, अंत करो और यश पाओ।।

भगवान् यह सन्देश दे रहे हैं कि होनी तो होकर रहेगी। मनुष्य को यश-अपयश, हार-जीत की चिंता किये बिना अपने कर्म करने चाहिए और उन कर्मों से होने वाले परिणाम से कोई सम्बन्ध नहीं रखना चाहिए, क्योंकि परिणाम, फल, यश-अपयश आदि तो भगवान् के हाथ में हैं।

युद्ध करो अभिमान नहीं, मरे हुओं को मारो तुम।
कर्म करो पुरुषार्थ न मानो, मात्र निमित्त हो जानो तुम।।

शत्रु पक्ष में द्रोण भीष्म और, जयद्रथ कर्ण सभी राजा।
व्यथित न हो गांडीव उठाओ, करो पूर्ण विजय अभिलाषा।।

शास्त्र विहित जो कर्म मिले, उत्तम कर्म वही होता है।
कर्म करो वह बिना स्वार्थ के, स्वार्थ बिना ही शुभ होता है।।

केशव के यह वचन सुनकर भावुक हुए अर्जुन ने हाथ जोड़कर गदगद होकर नमस्कार किया।

सुनकर केशव के वचन, अर्जुन करे प्रणाम।
वाणी गदगद हो गयी, अश्रु बहें अविराम।।

प्रणाम करने के पश्चात अर्जुन आगे कहने लगे,

पूर्ण जगत कीर्तन करे, हर्षित होते हैं सब मानव।
प्रेम की धारा बहती जाए, हर दिस भाग रहे दानव।।

गुरुओं के गुरु आप हैं, ब्रम्हा के आदि कर्ता।
साधन भी और साध्य भी, आप सृष्टि के हैं भर्ता।।

सत्य आप असत्य आप, आप ही इनसे परे।
सब कुछ समाया आप में, आप से ही सब चले।।

आदिदेव आप हैं, आश्रय संसार का।
आदि अंत आपका, कोई भी न जानता।।

आप सबको जानते हैं, आप परम धाम हैं।
व्याप्त है सब आपसे, यही सच्चा ज्ञान है।।

आप चन्द्र प्रजापति, आप वायु और यमराज।
आप अग्नि और वरुण, आप नभ तल गरजे गाज।

कृपालु भगवन आपको, मेरा नमस्कार है।
नमस्कार दयानिधि, फिर से बारम्बार है।।

जानी न महिमा आपकी, दिल्लगी करता रहा।
केवल मित्र मानकर, व्यवहार मैं करता रहा।।

कृष्ण यादव और सखा, कह मैंने सम्बोधन किया।
कर के ठिठोली आप से, हठ किया खेला किया।।

भूल मुझसे हो गयी है, व्यथित हो रहा मेरा मन।
करबद्ध क्षमा मांगता हूँ, चरणों में आपके वंदन।।

कोई नहीं है आपसा, सब आपको नमन करें।
हे जगन्नाथ जगतपिता, स्वीकार मेरा वंदन करें।।

हे परमेश्वर आपको, मेरा दंडवत प्रणाम है।
क्षमा मांगूं आप से, मैंने किया अपमान है।।

दिव्य और विशाल रूप, पहले कभी देखा नहीं।
हर्ष बहुत हो रहा है, भय भी कोई कम नहीं।।

भय हरण मेरा करें प्रभु, प्रसन्न हो कृपा करें।
दिखलाइए विष्णु रूप, सौम्य छवि धारण करें।।

मुकुट शंख गदा चक्र, पद्म धारण कीजिये।
भव्य सौम्य रूप में, मुझे पुनः दर्शन दीजिये।।

अर्जुन की मनोदशा देखकर श्री कृष्ण कहते हैं,

प्रसन्न हो कर जो तुमको, आदि रूप दिखाया है।
तुमसे पहले आज तक, कोई न देख पाया है।।

ना वेद पाठ न अनुष्ठान, कर्म तप या कोई दान।
मेरी कृपा से ही संभव है, प्राणी को दर्शन महान।।

रूप देख व्याकुल न हो, निर्भयता वीर की शान है।
मूढ़ता का करो त्याग, भय मोह की पहचान है।।

देखो चतुर्भुज रूप तुम, भरपूर तुम निहार लो।
मैं तो सखा ही हूँ तेरा, त्यागो अन्य विचार को।।

ऐसा कहकर भगवन ने अर्जुन को आश्वस्त करने के लिए पुनः अपना सौम्य रूप धारण किया।

त्यागा चतुर्भुज रूप अपना, और द्विभुज धारण किया।
प्रभु मुस्कुराये स्नेह से, अर्जुन को आश्वासन दिया।।

अर्जुन बोले,

देख मानव रूप को, भयमुक्त भगवन हो गया।
मन मेरा अब स्थिर हुआ, उत्साह मुझमें जग गया।।

श्री कृष्ण ने पुनः कहा,

तुमने देखा रूप जो, देखता विरला कोई।
देव लालायित रहें, देख पाते वो नहीं।।

ना यज्ञ से न दान से, ना ही वेदों के ज्ञान से।
अनन्य भक्ति जो रखे, वही दर्शनों का लाभ ले।।

बारहवां अध्याय

अर्जुन के मन में जिज्ञासा उत्पन्न हुई कि सगुण भगवान् की उपासना करने वाले और निर्गुण ब्रम्ह की उपासना करने वालों में से कौन श्रेष्ठ है। इस जिज्ञासा को लेकर वे भगवान् से पूछते हैं कि जो भक्त निरंतर आप में लगे रहकर आप (सगुण साकार) की उपासना करते हैं और जो अविनाशी निर्गुण निराकार की ही उपासना करते हैं, उन में से उत्तम योगवेत्ता कौन है।

भक्त सगुण साकार के, निर्गुण निराकार के।
योगवेत्ता कौन इनमें, समझाएं विस्तार से।।

श्री कृष्ण के अनुसार मन लगाकर, नित्य-निरंतर उनमें लगे हुए जो भक्त परम श्रद्धा से युक्त होकर सगुण साकार की उपासना करते हैं वे सर्वश्रेष्ठ योगी हैं। और जो अपनी इन्द्रियों को भलीभांति वश में करके चिंतन और दृष्टि में न आने वाले निर्विकार, अचल, ध्रुव, अक्षर और अव्यक्त की तत्परता से उपासना करते हैं वे समबुद्धि वाले मनुष्य भी उन्हें ही प्राप्त होते हैं। इन्द्रियां पूर्णतः वश में न होने से निर्गुण तत्व की उपासना में कठिनाई होती है। सगुण उपासना में तो ध्यान का विषय सगुण भगवान् होने से सगुण स्वरूप में इन्द्रियों को अपने विषय प्राप्त हो जाते हैं।

मन में श्रद्धा रखे निरंतर, भजे सगुण साकार।
सर्वश्रेष्ठ योगी मेरे मत में, उत्तम यही विचार।।

खोजत है भगवान् को, मन और बुद्धि लगाय।
टिक न सकें दोनों कभी, फिसल सदा ही जांय।।

करते हुए प्रभु का भजन, सम्बन्ध रखें करतार से।
व्यवहार में भूलें सभी, फिर जुड़ जाएं संसार से।।

निर्गुण निराकार ब्रम्ह सगुण साकार से भिन्न नहीं है। सगुण और निर्गुण दोनों ही ईश्वर के स्वरूप हैं।

वश में कर लो इन्द्रियाँ, क्षमा बुद्धि हितकार।
प्रथम अक्षर की वंदना, निर्गुण व निराकार।।

सगुण व निर्गुण एक हैं, एक ही तत्व प्रकाश।
सृष्टि का आधार हैं, हर प्राणी की आस।।

दो पथ हैं इक लक्ष्य है, नहीं विरोधाभास।
लगे सुगम जो चल पड़ो, मन में हो विश्वास।।

निर्गुण उपासना में यदि देहाभिमान पर विजय न पा सके तो साधना को गति देने में कठिनाई आ सकती है। परन्तु जो भक्त सम्पूर्ण कर्मों को प्रभु को अर्पण करके और उनके परायण होकर उनकी ही उपासना करते हैं, उनका उद्धार प्रभु निश्चित कर देते हैं। श्री कृष्ण कहते हैं,

उद्देश्य की हो भिन्नता, उद्देश्य मुझको को मान लो।
सब कर्म मेरी ओर हों, हर लक्ष्य मिलता जान लो।।

कर्म अर्पण कर मुझे जो, मेरी शरण में आता है।
भव सागर से मुक्त हुआ, शीघ्र मुझे पा जाता है।।

मन बुद्धि को प्रभु में स्थापित करके नित्ययोग का अनुभव करने से भक्त प्रभु में ही निवास करता है। अगर मन को अचलभाव से स्थिर करने में कठिनाई होती हो तो अभ्यासयोग के द्वारा प्रयास करना चाहिए। अभ्यास और अभ्यासयोग अलग अलग हैं। किसी लक्ष्य पर चित्त को बार बार लगाने का नाम 'अभ्यास' है और समता रखते हुए अभ्यास करना 'अभ्यासयोग' है। यदि साधक अभ्यासयोग में भी स्वयं को असमर्थ पाता है तो सारे कर्मों को प्रभु के लिए ही करने से भी सिद्धि की प्राप्ति हो सकती है। परन्तु यदि साधक ऐसा करने में भी स्वयं को

असमर्थ पाता है तो उसे मन और इन्द्रियों को वश में करके सम्पूर्ण कर्मों के फल की इच्छा का त्याग कर देना चाहिए।

मन खींचे संसार में, बुद्धि भी उधर जाय।
स्वयं लगो भगवान् में, राह तभी मिल पाय।।

मन बुद्धि को स्थिर कर के, नित्य योग अनुभव करो।
सदा रहोगे स्थित मुझ में, सत्य यही निश्चय करो।।

पा न सको स्थिरता मन की, प्रभु मिलन की रखो आस।
पथ चुन कर अभ्यास करो, योग करो आ जाओ पास।।

अभ्यासयोग भी संभव ना हो, कर्म परायण मुझमें हो जाओ।
अर्पित कर मुझको कर्म सभी, समता से जियो मुझको पाओ।।

बहुत प्रयास किये फिर भी यदि, कर्म समर्पण नहीं हुआ।
वश में कर मन और इन्द्रियाँ, त्याग करो फल की इच्छा।।

अभ्यास से शास्त्रज्ञान श्रेष्ठ है, शास्त्रज्ञान से ध्यान श्रेष्ठ है। लेकिन सब कर्मों के फल की इच्छा का त्याग सर्वश्रेष्ठ है क्योंकि इससे तत्काल परमशान्ति प्राप्त हो जाती है। यहाँ कर्मफल के त्याग का अर्थ कर्मों तथा कर्मफलों का स्वरूप से त्याग नहीं है बल्कि कर्मों और उनके फलों में ममता, आसक्ति और कामना का त्याग है।

अभ्यास से उत्तम शास्त्रज्ञान, शास्त्रज्ञान से ध्यान।
फल इच्छा का त्याग सदा ही, सबसे उत्तम मान।।

मार्ग अलग हैं मंजिल एक, अलग रूचि अलग विश्वास।
लक्ष्य एक है साध्य एक, सबको मिलने की है आस।।

अब भगवान् उपरोक्त सभी साधनों से सिद्धावस्था प्राप्त हुए अपने प्रिय भक्तों के लक्षणों का वर्णन करते हैं। द्वेषभाव से रहित, मित्र भाव वाला, दयालु, ममतारहित, सुख-दुःख में सम, क्षमाशील, संतुष्ट, शरीर को वश में किये हुए, दृढ़निश्चयी और प्रभु में अर्पित मन-बुद्धि वाला भक्त प्रभु को प्रिय है। जिससे कोई भी प्राणी क्षुब्ध नहीं होता और जो स्वयं भी क्षुब्ध नहीं होता है, तथा जो हर्ष, ईर्ष्या, भय और मन की हलचल से रहित है, ऐसा भक्त प्रभु को प्रिय है। जो अपेक्षारहित, पवित्र, चतुर, उदासीन, व्यथारहित और नए नए कर्मों का त्यागी हो, जो न हर्षित होता हो, न द्वेष करता हो, न शोक करे, न कामना हो और जो शुभ अशुभ से ऊपर उठ चुका हो, ऐसा भक्त प्रभु को प्रिय है। जो शत्रु-मित्र, मान-अपमान, अनुकूलता-प्रतिकूलता, सुख-दुःख, निंदा-स्तुति में सम है, आसक्ति रहित है, निंदा स्तुति को समझने

वाला मननशील और स्थित बुद्धि है, वह भक्त प्रभु को प्रिय है। और जो भक्त यह सभी गुण धारण कर लेता है, वह तो प्रभु को सर्वाधिक प्रिय है।

सुन लो लक्षण साधक के, सिद्धि प्राप्त जो कर जाता।
चुने मार्ग पर स्थित रहता, और भव सागर तर जाता है।।

द्वेष रहित हो मित्र भाव हो, सुख दुःख सम रहने वाला।
दया वान ममता रहित, क्षमाशील और निश्चय वाला।।

अहं न हो संतुष्ट रहे, विहित कर्म करने वाला।
वश में जो रखता शरीर, अर्पित मन बुद्धि वाला।।

क्षुब्ध न हो और क्षुब्ध करे ना, ईर्ष्या भय से रहित रहे।
मन स्थिर कोई हलचल ना, साधक वह प्रिय मुझे लगे।।

हो भक्त शांत और उदासीन, वह दक्ष हो पवित्र हो।
व्यथा रहित नवकर्म त्यागी, सदा अपेक्षा रहित हो।।

कामना नए कर्म कराती, फल बंधन में बंधवाती।
भाता है वह भक्त मुझे, जो ऐसे कर्मों का त्यागी।।

ना हर्षित ना शोकाकुल, राग नहीं कोई द्वेष नहीं।
भला बुरा ले एक समान, प्रिय होता है भक्त वही।।

शत्रु मित्र में समदर्शी हो, मान अपमान एक सा जाने।
एक सा रहे सुख दुःख में, निंदा स्तुति में फर्क न माने।।

हो शांत स्वभावी क्षमावान, संतुष्ट सदा जो भक्त रहे।
सम स्थिर हो और बुद्धिमान, नहीं कभी आसक्त रहे।।

भक्ति परायण साधक जो, गुण यह सब धारण करे।
ऐसा भक्त सफल होता है, शीघ्र लक्ष्य को प्राप्त करे।।

तेरहवां अध्याय

पिछले अध्याय में अर्जुन ने पूछा कि आप (सगुण-साकार) की उपासना करने वाले और अव्यक्त अक्षर (निर्गुण-निराकार) की उपासना करने वालों में से कौन श्रेष्ठ है? उत्तर में भगवान् ने अपनी उपासना करने वालों को श्रेष्ठ बताया। आगे कहा कि अव्यक्त अक्षर की उपासना करने वाले भी उन्हें ही प्राप्त होते हैं, परन्तु देहाभिमान रहने के कारण उनको उपासना में कठिनता अधिक होती है। इसके पश्चात् भगवान् ने साकार उपासना का विस्तार से वर्णन किया। अव्यक्त अक्षर की उपासना का विस्तार से वर्णन करने के लिए और उसमें देहाभिमानरूप मुख्य बाधा को दूर करने के लिए भगवान् आगे वचन कहते हैं। सबसे पहले भगवान् क्षेत्र और क्षेत्रज्ञ के विवेक का प्रकरण आरम्भ करते हैं। भगवान् कहते हैं कि हे अर्जुन, शरीर को 'क्षेत्र' और इस क्षेत्र को जो जानता है उसे 'क्षेत्रज्ञ' कहते हैं।

जन्म मरण के बंधन में जो, क्षेत्र नाम वह पाता है।
जो है अजन्मा अविनाशी, वह क्षेत्रज्ञ कहाता है।।

क्षेत्र क्षेत्री की समझ, यही सच्चा ज्ञान है।
क्षेत्र सारी सृष्टि है, और क्षेत्री भगवान् हैं।।

पांच तत्वों से बने शरीर को 'स्थूल शरीर' कहते हैं। पांच ज्ञानेन्द्रियों, पांच कर्मेन्द्रियों, पांच प्राण, मन और बुद्धि - इन सत्रह तत्वों से बने हुए शरीर को सूक्ष्म शरीर कहा जाता है। मनुष्य को बुद्धि तक का तो ज्ञान होता है, परन्तु बुद्धि से आगे का ज्ञान नहीं होता है। बुद्धि से आगे का शरीर सभी शरीरों का कारण होने से 'कारण शरीर' कहलाता है। कारण शरीर को स्वभाव, आदत और प्रकृति भी कह देते हैं। शरीर को क्षेत्र कहने का तात्पर्य है कि यह प्रतिक्षण नष्ट होता है, प्रतिक्षण बदलता है और इसे दुबारा कोई देख नहीं सकता है। शरीर को क्षेत्र कहने का दूसरा भाव खेत से है। जैसे खेत में तरह-तरह के बीज डालकर खेती की जाती है, ऐसे ही मनुष्य शरीर में अहंता-ममता करके जीव तरह तरह के कर्म करता है। उन कर्मों के संस्कार अंतःकरण में पड़ते हैं। जिस प्रकार खेत में जैसा बीज बोया जाता है वैसा ही अनाज पैदा होता है, उसी प्रकार शरीर में जैसे कर्म किये जाते हैं, उसके अनुसार ही परिस्थितियां और दूसरे शरीर मिलते हैं। जीवात्मा पूरे क्षेत्र को देखती है इसलिए उसे क्षेत्रज्ञ कहा जाता है। क्षेत्र के साथ अपना सम्बन्ध मानने के कारण ही क्षेत्रज्ञ में इच्छा-द्वेष आदि विकार प्रतीत होते हैं, अन्यथा क्षेत्रज्ञ स्वरूप से सर्वथा निर्विकार है। क्षेत्रज्ञ (जीव) और ब्रम्ह एक ही हैं।

स्थूल सूक्ष्म कारण शरीर, क्षेत्र सभी कहलाते हैं।
क्षेत्रज्ञ समर्थ जीवात्मा है, उसको सब दिख जाते हैं।।

सम्बन्ध क्षेत्र क्षेत्रज्ञ का, मैं तुमको समझाता हूँ।
जानो इसे विस्तार से, मैं तुमको बतलाता हूँ।।

तत्व के इस ज्ञान को, ऋषियों ने फैलाया है।
वेदों की ऋचाओं में, विस्तार से दर्शाया है।।

महाभूत मन इन्द्रियाँ, प्रकृति बुद्धि अहंकार।
इन तत्वों को मान लो, क्षेत्र के रचनाकार।।

शरीर द्वेष और कामना, सुख और दुःख हजार।
प्राणशक्ति और धैर्य हैं, क्षेत्र के सात विकार।।

शरीर के साथ तादात्म्य कर लेने से कामना, द्वेष आदि विकार पैदा होते हैं। इन विकारों का स्वयं पर असर पड़ता है। शरीर के साथ किये हुए इस तादात्म्य को मिटाने के लिए भगवान् साधना के लिए आवश्यक साधनों का वर्णन करते हैं।

जुड़े रहो मिथ्या जग से तो, आ जाते हैं नए विचार।
उचित मार्ग पर ले जाने को, बतलाते हैं प्रभु उपचार।।

दम्भ रहित मन का विजयी, क्षमा अहिंसा रहे अपार।
सरल प्रकृति गुरु सेवक हो, स्थिर बुद्धि बिन अहंकार।।

हो इन्द्रिय विषयों से वैरागी, राग द्वेष से हो अनजान।
नहीं कामना अपने सुख की, और न हो देह अभिमान।।

आसक्ति से सदा दूर हो, संबंधों में राग नहीं।
इष्ट अनिष्ट में सम रहे, कर्मों में अनुराग नहीं।।

मुझसे ही सम्बन्ध रखे, और मन से वो शांत रहे।
मेरा भक्त ले मेरा सहारा, जग में रह एकांत रहे।।

ज्ञान पिपासा रखे निरंतर, मुझको ही देखे सब ओर।
ज्ञानी है जो तत्व को जाने, अज्ञानी का ना कोई ठौर।।

उपरोक्त ज्ञान के द्वारा जिस परमात्मतत्व को जाना जाता है, उस 'ज्ञेय' का वर्णन आरम्भ करते हैं।

तत्व कहूं मैं परमात्मा का, अनुभव अमरत्व कराता हूँ।
जिसे जानना है आवश्यक, वह परम ज्ञान बतलाता हूँ।।

वह तत्व अनादि परमब्रम्ह है। उसको न सत् कहा जा सकता है और न ही असत्। वे परमात्मा सब जगह पैरों वाले, सब जगह नेत्रों और मुखों वाले तथा सब जगह कानों वाले हैं। वे संसार में सबको व्याप्त करके स्थित हैं। वे सम्पूर्ण इन्द्रियों से रहित हैं और सम्पूर्ण इन्द्रियों के विषयों को प्रकाशित करने वाले हैं और सम्पूर्ण संसार का भरण-पोषण करने वाले हैं। गुणों से रहित हैं और सम्पूर्ण गुणों के भोक्ता हैं। वे सब प्राणियों के बाहर-भीतर परिपूर्ण हैं और चर-अचर प्राणियों के रूप में भी वे ही हैं। वे दूर से दूर तथा नजदीक से भी नजदीक हैं। अत्यंत सूक्ष्म होने से वे जानने में नहीं आते हैं। स्वयं विभाग रहित होते हुए भी सम्पूर्ण प्राणियों में विभक्त की तरह स्थित हैं। वे ही सम्पूर्ण प्राणियों को जन्म देने वाले, पालन करने वाले तथा संहार करने वाले हैं। परमात्मा सम्पूर्ण ज्योतियों की ज्योति हैं और अज्ञान से परे हैं। वे ज्ञानस्वरूप, जानने योग्य और ज्ञान से प्राप्त करने योग्य हैं।

वह अनादि हैं परम ब्रम्ह हैं, वही अजन्मे पूर्ण वही।
वही सत् और असत् वही हैं, सत् असत् से परे वही।।

अगणित हाथ पैर हैं उनके, सिर मुख नेत्र हैं चारों ओर।
अगणित कानों से वे सुनते, पा नहीं सकते उनका छोर।।

आसक्ति रहित हैं परमात्मा, पोषित करें संसार को।
निष्काम हैं करते प्रकाशित, विषयों के अम्बार को।।

गुणरहित गुणमुक्त हैं, गुण भोगते परमात्मा।
बिन इन्द्रियां सारे विषय, करते ग्रहण परमात्मा।।

पूर्ण हैं सब प्राणियों में, चर अचर भी हैं वही।
हैं निकट और दूर भी, पर जानता कोई नहीं।।

विभक्त लगती जीवों में, अविभक्त है पर आत्मा।
एक हैं मानो अलग ना, आत्मा और परमात्मा।।

सृजन करे ब्रम्हा रूप, विष्णु रूप पालना।
संहार कर्ता रूद्र रूप, एक ही परमात्मा।।

ज्योतियों की ज्योति वे, अज्ञान से वो हैं परे।
जानने लायक वही, सब प्राणियों में वे रहें।।

गुणों को प्रकृति से उत्पन्न जानो। प्रकृति में स्थित जीव ही प्रकृतिजन्य गुणों का भोक्ता बनता है और गुणों का संग ही ऊंच-नीच योनिओं में जन्म का कारण बनता है। परमात्मा देह में रहते हुए भी देह से सर्वथा सम्बन्ध रहित हैं।

गुण विकार होते प्रकृति के, बनते कर्मों का आधार।
जुड़ जाते प्रकृति से मानव, फंस जाते हैं बारम्बार।।

जन्मते गुण प्रकृति से, जीव उनसे जा मिले।
इन गुणों का संग ही तो, कर्म निर्धारित करे।।

मैं और मेरा मान मानव, गुणों में रच पच जाय।
कर्मों का फल भोगने, पुनः जन्म ले आय।।

जीव जुड़े जब प्रकृति से, प्रकृति कर्म कराय।
कर्ता खुद को मान कर, सुख दुःख भोगे जाय।।

देही रहती देह में, प्रभु मिलन की भूख।
राग द्वेष में उलझ कर, भूले अपना रूप।।

प्रकृति पुरुष अंतर जो जाने, तत्व ज्ञान का ज्ञाता है।
जग में रहकर जीवन जीते, मोक्ष मार्ग पा जाता है।।

कई मनुष्य ध्यानयोग के द्वारा, कई सांख्ययोग द्वारा और कई कर्मयोग के द्वारा अपने आप से अपने आप में परमात्मा का अनुभव करते हैं। दूसरे मनुष्य जो इन साधनों को नहीं जानते वे महापुरुषों के वचन सुनकर उपासना करते हैं, और जो सुना है उसके अनुसार आचरण करते हुए मुक्ति पा जाते हैं।

प्रभु के साधक मोक्ष मार्ग पर, दृढ़ता से बढ़ जाते हैं।
स्वयं साधना करते करते, तत्व ज्ञान पा जाते हैं।।

योग मार्ग जो सुलभ न पाते, ऋषियों का सानिध्य चुनें।
वचन सुनें और करें उपासना, भवसागर को पार करें।।

प्राणियों में स्थित सदा, जो देखता भगवान् है।
देखना उसका उचित है, उचित उसका ज्ञान है।।

अविनाशी समरूप ईश्वर, सभी जगह जो पायेगा।
उसका पतन कभी ना होगा, मोक्ष मार्ग पर जायेगा।।

जो सम्पूर्ण क्रियाओं को सब प्रकार से प्रकृति के द्वारा ही की जाती हुई देखता है और अपने आप को अकर्ता मानता है, वही यथार्थ देखता है।

क्रिया सभी प्रकृति में जाने, खेल गुणों का मानता।
जो मानता है 'स्वयं' अकर्ता, सत्य वही बस जानता।।

प्रकृति का पुतला शरीर है, प्रकृति में विस्तार है।
'स्वयं' प्रकृति से भिन्न जान लो, तब संभव उद्धार है।।

अनादि जीव गुणरहित, परमात्मा स्वरूप है।
है देह में निवास लेकिन, हर क्रिया से दूर है।।

आकाश ज्यों सर्वत्र व्यापक, मगर कहीं ना लिप्त है।
आत्मा परिपूर्ण व्यापक, हर ओर है निर्लिप्त है।।

जैसे ऊर्जावान करे रवि, सृष्टि के विस्तार को।
देही करती है प्रकाशित, देहमयी संसार को।।

क्षेत्री क्षेत्र में अंतर जाने, ज्ञानी सच्चा उसे ही मानें।
परमात्मा का कृपापात्र जो, प्रकृति और 'स्वयं' पहचाने।।

चौदहवां अध्याय

दो चीज़ों से बंधन होता है - प्रकृति से और गुणों से जो कि प्रकृति के ही कार्य हैं। पिछले अध्याय में भगवान् ने प्रकृति के बंधन से छूटने के विषय में बताया और अब वे प्रकृति के कार्य, गुणों से छूटने के विषय में बताते हैं।

वचन कहता हूँ पुनः, उत्तम मेरे विचार से।
जान जिनको तर गए, सारे मुनि संसार से।।

आश्रय ले इस ज्ञान का, जो सधर्म मुझमें हो गए।
प्रकृति से सम्बन्ध छूटा, सुख गए दुःख भी गए।।

प्रभु जीवरूप गर्भ की स्थापना करते हैं जिससे सम्पूर्ण प्राणियों की उत्पत्ति होती है। सम्पूर्ण योनियों में प्राणियों के शरीर पैदा होते हैं। उन सबकी माता तो मूल प्रकृति है और प्रभु बीज स्थापन करने वाले पिता हैं।

कर्म ही लाते भवसागर में, कर्म ही जन्मों का आधार।
फल भोगे फिर कर्म करे, जन्म ले प्राणी बारम्बार।।

शरीर जन्में योनियों में, प्रकृति उनकी माता है।
बीज स्थापित मैं करूँ, मेरा पिता का नाता है।।

जीव प्रकृतिजन्य गुणों से कैसे बंधते हैं, इसका वर्णन प्रभु आगे करते हैं। प्रकृति से उत्पन्न होने वाले सत्व, रज और तम - ये तीनों गुण अविनाशी देही को विनाशी देह से बांध देते हैं। वास्तव में यह तीनों गुण अपनी ओर से किसी को भी नहीं बांधते परन्तु देही ही इन गुणों के साथ सम्बन्ध जोड़कर बंध जाती है। देही स्वयं अविनाशी रूप से ज्यों-का-त्यों रहते हुए भी गुणों की वृत्तियों के अधीन होकर स्वयं सात्विक, राजसिक और तामसिक बन जाती है। तीनों गुणों के तारतम्य से ही प्राणियों में अनेक भेद हो जाते हैं और विभिन्नता आ जाती है।

प्रकृति में गुण तीन हैं, अलग असर दिखलाय।
एक बढ़े जब दो दबें, व्यवहार बदलता जाय।।

सत्व रज और तमोगुण, उत्पन्न प्रकृति में होते हैं।
गुण ही देह से देही के, बंधन का कारण होते हैं।।

गुणों से जन्में सृष्टियाँ, गुण रंग भरे संसार में।
गुणों से होती विविधता, जीवों के व्यवहार में।।

नाता जग से कर अपनाते, देहों के अभिमान को।
गुण अपनाकर भूल गए, अविनाशी पहचान को।।

तीनों गुण तो साथ ही रहते, कोई एक बढ़ जाता है।
निश्चित करता वही वृत्तियाँ, मुख्य वही कहलाता है।।

सावधान रहना साधक, व्यवहार गुणों से बनता है।
जैसी रहती मुख्य भावना, उसी ओर मन चलता है।

सत्वगुण निर्मल और निर्विकार होता है और वह सत्वगुण से उत्पन्न होने वाले सुख और ज्ञान की आसक्ति से बांधता है। तृष्णा और आसक्ति को पैदा करने वाला रजोगुण राग स्वरूप है। वह कर्मों की आसक्ति से देही को बांधता है। तमोगुण अज्ञान से उत्पन्न होता है और ज्ञान को ढक देता है। वह प्रमाद, आलस्य और निद्रा के द्वारा देह से सम्बन्ध रखने वालों को बांधता है। रजोगुण और तमोगुण को दबाकर सत्वगुण बढ़ता है, सत्वगुण और तमोगुण को दबाकर रजोगुण बढ़ता है और सत्वगुण और रजोगुण को दबाकर तमोगुण बढ़ता है।

सत्व है निर्मल ज्ञानमयी, चित्त प्रकाशक व निर्विकार।
सुख और ज्ञान की आसक्ति, बाँध सके रखना विचार।।

राग बढ़े तो रज बढ़े, रज ही राग बढ़ाय।
तृष्णा और आसक्ति से, नव कर्मों में लगाय।।

मोहित करता तमोगुण, आ जाता अज्ञान से।
करे निरर्थक जीवन सारा, निद्रा और विश्राम से।।

बढ़ता प्रमाद सोता विवेक, जब विजयी तम हो जाता है।
आलस जगे दब जाए ज्ञान, कर्तव्य कर्म रह जाता है।।

तामस दुःख की पोटली, अंधकार भरपूर।
मानव की हो दुर्दशा, करे कर्मों से भी दूर।।

तम गुण हरता बुद्धि को, देता कर्तव्य भुलाय।
बोझ बना फिरता मानव, बिन विवेक हो जाय।।

जब शरीर में इन्द्रियों और अंतःकरण में प्रकाश, स्वच्छता और विवेक प्रकट हो जाता है तब यह समझना चाहिए कि सत्वगुण बढ़ा हुआ है। रजोगुण के बढ़ने पर लोभ, रागजनित कर्म, नए कर्मों का आरम्भ, लोभ और कामना आदि वृत्तियाँ पैदा होती हैं। तमोगुण बढ़ने पर काम करने

में मन न लगना, न करने लायक काम में लगे रहना और मोह से जन्मी मूढ़ता आदि वृत्तियाँ आ जाती हैं।

बढ़ता है जब सत्व गुण, विवेक मुखर हो जाता है।
हो जातीं इन्द्रियां प्रकाशित, ज्ञान ग्रहण हो पाता है।।

लोभ बढ़े जब बढ़े रजोगुण, नए कर्मों में मन लगता है।
बस नाम रहे गुणगान बढ़े, स्वार्थ में सब कुछ करता है।।

मोह जगे तम बढ़ जाने से, अन्धकार छा जाता है।
ढकता विवेक आलस आता, मूढ़ बुद्धि हो जाता है।।

जिस समय सत्वगुण बढ़ा हो, उस समय यदि देहधारी मनुष्य की मृत्यु हो जाती है तो वह निर्मल लोकों में जाता है। रजोगुण के बढ़ने पर मरने वाला प्राणी कर्म प्रिय मनुष्य योनि में जन्म लेता है। तमोगुण के बढ़ने पर मरने वाला मूढ़योनि में जन्म लेता है। सात्त्विक कर्मों का फल निर्मल है, राजस कर्मों का फल दुःख और तामस कर्मों का फल मूढ़ता है। सत्वगुण से ज्ञान,और रजोगुण से लोभ आदि उत्पन्न होते हैं। तमोगुण से प्रमाद, और अज्ञान पैदा होते हैं।

सत्व गुण यदि हो प्रधान और, अंत समय आ जाता है।
उत्तम लोकों का अधिकारी, उत्तम लोक में जाता है।।

अंतिम समय रजोगुण छाये, मानव जन्म वो पाता है।
तामस गुण यदि मुख्य रहे, तो मूढ़ योनि को जाता है।।

मूढ़ योनियाँ लता वृक्ष हैं, मूढ़ योनि में पशु पक्षी।
मूढ़ योनि में कीट पतंगे, मूढ़ योनि में जीव कई।।

सात्विक कर्मों का फल निर्मल, राजस देते दुःख हजार।
तामस कर्मों का फल है मूढ़ता, समझ से होगा बेड़ा पार।।

सात्विक दुखी नहीं होता है, राजस सुखी न होने पाए।
तामस होता बिन विवेक, सही गलत की समझ न आये।।

कर्मों में कोई गुण नहीं होता, गुण को तो कर्ता में जान।
कर्मों में कर्ता की झलक है, रूप उन्हें कर्ता का मान।।

ज्ञान जन्मे सत्व गुण से, रजोगुण से जन्मे लोभ।
मोहित और अज्ञानी होते, भ्रमित तामसी लोग।।

तात्कालिक गुणों के बढ़ने पर मरने वालों की गति का वर्णन करने के पश्चात भगवान् उन मनुष्यों की गति के विषय में बताते हैं जिनके जीवन में सत्वगुण, रजोगुण अथवा तमोगुण की प्रधानता रहती है। सत्वगुण में स्थित मनुष्य ऊर्ध्वलोकों में जाते हैं, रजोगुण में स्थित मनुष्य मृत्युलोक में जन्म लेते है और निंदनीय तमोगुण की वृत्ति में स्थित तामस मनुष्य अधोगति को जाते हैं।

सत्वगुण दे ऊर्ध्वलोक, रज मृत्युलोक ले आता है।
तमोगुण है निंदनीय, तम अधोगति दे जाता है।।

जब विचारकुशल मनुष्य तीनों गुणों के अलावा अन्य किसी को कर्ता नहीं मानता है और अपने को गुणों से अलग अनुभव करता है, तब वह गुणातीत कहलाता है और प्रभु के सत्व स्वरूप को प्राप्त कर जाता है।

गुणों से होती सभी क्रियाएं, गुणों में होती सभी क्रियाएं।
गुण ही गुण में खेल रहे हैं, प्रकृति ही यह खेल रचाए।।

विवेकी साधक जब इन तीनों, गुणों से ऊपर उठ जाता।
सभी दुखों से रहित हुआ वह, साधक गुणातीत कहलाता।।

अर्जुन के मन में गुणातीत मनुष्य के लक्षण जानने की जिज्ञासा हुई, और वे भगवान् से पूछते है,

गुणातीत कैसे बन पाएं, भगवन यह समझाओ।
गुणातीत के लक्षण क्या हैं, मुझे आप बतलाओ।।

केशव कहते हैं कि गुणातीत उदासीन की तरह स्थित रहता है, गुणों के द्वारा विचलित नहीं होता है और सदा यह भाव रखता है कि गुण ही गुणों में बरत रहे हैं। जो धीर मनुष्य दुःख-सुख में, मिट्टी के ढेले पत्थर और सोने में, अपनी निंदा-स्तुति में, मान-अपमान में और मित्र शत्रु के पक्ष में सम रहता है तथा जो सम्पूर्ण कर्मों के आरम्भ का त्यागी है, ऐसा मनुष्य गुणातीत कहलाता है। जो गुणातीत मनुष्य भक्तिपूर्ण भाव से प्रभु की सेवा करता है, वह ब्रम्हप्राप्ति का अधिकारी हो जाता है।

गुण तो साथ सदा रहते हैं, कर न सके कोई इनको शेष।
गुणातीत को राग न गुण में, और नहीं गुण से कोई द्वेष।।

लक्षण है जाग्रत विवेक, अंतःकरण में निर्मलता।
गुणातीत है मननशील, है स्पष्ट ज्ञान विषयों का।।

गुणातीत रहे उदासीन स्थिर, गुण विचलित ना कर पाएं।
स्थिर रह अपने ही स्वरूप में, गुणों से ऊपर उठ जाए।।

सम रहता निंदा और स्तुति में, गुणातीत सुख दुःख में सम।
प्रिय अप्रिय के भाव न होते, मान में सम अपमान में सम।।

माटी जाने पत्थर जाने, सोना और हीरा पहचाने।
पाने खोने में है समता, उचित बर्ताव सभी से जाने।।

विजयी हो गुण की माया पर, मात्र सहारा प्रभु को रखता।
भक्तियोग में लीन सदा वह, ब्रम्ह प्राप्ति का पात्र वो बनता।।

पन्द्रहवां अध्याय

श्रीभगवान कहते हैं कि ऊपर की ओर मूलवाले, नीचे की ओर शाखावाले और वेद जिसके पत्ते हैं, उस प्रतिक्षण बदलने वाले संसार वृक्ष को जो जानता है वह सम्पूर्ण वेदों को जानता है।

जगत है एक वृक्ष जैसा, अक्षय और निराला है।
ऊपर जड़ नीचे शाखाएं, पालक ऊपर वाला है।।

सबसे ऊपर मूल हैं ईश्वर, और ब्रम्हा हैं मुख्य तना।
वेद हैं जिसके पोषक पत्ते, ऐसे यह संसार बना।।

उस संसार वृक्ष की गुणों के द्वारा बढ़ी हुई विषयरूप कोंपलों वाली शाखाएं सब ओर फैली हुई हैं। मनुष्यलोक में कर्मों के अनुसार बांधने वाले मूल भी सभी लोकों में व्याप्त हो रहे हैं। संसारवृक्ष की मुख्य शाखा (तना) ब्रम्हा हैं। ब्रम्हलोक से पाताललोक तक जितने भी लोक तथा उनमें रहने वाले देव, मनुष्य, कीट अदि प्राणी हैं वे सभी संसार वृक्ष की शाखाएं हैं। जिस प्रकार जल से सींचने से वृक्ष की शाखाएं बढ़ती हैं, उसी प्रकार गुणरूप जल से सींचने से संसारवृक्ष की शाखाएं बढ़ती हैं। गुणों का संग रहते हुए संसार से सम्बन्ध विच्छेद नहीं हो सकता है।

गुण पोषक शाखाओं के, विषय रूप हैं कोंपलें।
लोकों में फैली शाखाएं, गुणों से फूलें और फलें।।

मनुष्ययोनि रूप शाखा प्रमुख शाखा है क्योंकि केवल मनुष्य योनि में नवीन कर्मों को करने का अधिकार है। अन्य योनियां भोग योनियां हैं जिनमें केवल पूर्वकृत कर्मों का फल भोगने का ही अधिकार है। मनुष्य संसार रूपी वृक्ष का छेदन करके परमात्मा तक जा सकता है और अविवेकपूर्ण विषयों का सेवन करके नरकों में भी जा सकता है।

मानव योनि मूल शाखा है, मानव कर्मों का अधिकारी।
मिले मोक्ष का मार्ग इसी से, यही कहाता बंधनकारी।।

रमा रहे मानव भोगों में, सब आनंद उठाना चाहे।
देह अंत में स्वर्ग कामना, दोनों हाथों लड्डू चाहे।।

धन जो कमाया पाप से, किसी काम ना आएगा।
बाँटेंगे परिजन आपस में, पाप साथ ही जाएगा।।

संसार वृक्ष का न तो आदि है और न ही अंत है। इस वृक्ष का छेदन संसार से असंगत होकर अर्थात संसार से सम्बन्ध विच्छेद करके ही किया जा सकता है। उसके बाद परमपद परमात्मा की खोज करके उनकी शरण में चले जाना ही लक्ष्य होना चाहिए।

आदि नहीं संसार वृक्ष का, अंत कहाँ किसने जाना।
पूर्ण असंगति राखो इससे, जन्मों से जो मुक्ति पाना।।

स्थिर दिखता संसार मगर, हर पल रूप बदलता है।
स्थिरता केवल मन का भ्रम है, तीव्र गति से चलता है।।

त्याग करो अपने भ्रम का, माया जाल है चारों ओर।
आश्रय ले लो परमात्मा का, ले जाते वो अपने ठौर।।

जो महापुरुष परमात्मा के शरण होकर परमपद को प्राप्त होते हैं उनके लक्षणों का वर्णन प्रभु आगे करते हैं।

मान मोह से रहित हुए, आसक्ति विजय पा जाते हैं।
भक्तियोग के साधक ऐसे, परम धाम को जाते हैं।।

सम रहते जो सुख दुःख में, हों अनासक्त निष्काम।
ऐसे साधक प्रिय हैं प्रभु को, पा जाते हैं उनका धाम।।

सूर्य चंद्र से न हो प्रकाशित, अग्नि भी नाकाम है।
प्राप्त कर जिसे जीव न लौटे, ऐसा प्रभु का धाम है।।

भगवान् का अंश होते हुए भी देही भूल कर बैठती है और संसार एवं प्रकृति से सम्बन्ध बनाने के कारण जीव कहलाती है।

देही प्रभु का अंश सनातन, भूल मगर कर जाती है।
प्रकृति को अपना लेने से, जीव कहाई जाती है।।

जीव बने विषयों से मिलकर, विषयों में खो जाती है।
पहचान भुलाकर दैवी अपनी, प्रकृति की हो जाती है।।

प्रभु से मुड़ना जग से जुड़ना, यही पतन का कारण है।
भटक गया जो राह से अपनी, करना स्वयं निवारण है।।

मन सहित इन्द्रियों को अपना मानने के कारण जीव किस प्रकार से योनियों में भटकता है - प्रभु इसके विषय में बताते हैं। जैसे वायु इत्र के फोहे से गंध ले जाती है और इत्र का फोहा पीछे पड़ा रह जाता है, ऐसे ही जीवात्मा गन्धरूप से सूक्ष्म और कारण शरीरों को साथ ले जाती है और स्थूल शरीर पीछे रह जाता है।

पवन उठाती गंध ज्यों, साथ अपने ले जाती है।
मन इन्द्रियां ले जीवात्मा, नए शरीर में जाती है।।

ज्यों वायु रहे आकाश में, लिए गंध घूमती जाय।
अंश सनातन जीव है, पर योनि योनि जाय।।

प्राण शक्ति रहते हुए, यदि इच्छाएं मिट पाएं।
साधक का कल्याण हो, परमात्मा मिल जाएं।।

प्राण शक्ति जाती रहे, इच्छा ना मिट पाए।
इच्छा तो वैसी रहे, नई देह मिल जाए।।

मन का आश्रय ले जीवात्मा, भोगों में लग जाती है।
लाभ न कोई मिलता लेकिन, बंधन में फंस जाती है।।

दृढ़ सम्बन्ध जीव प्रकृति का, मरने पर भी छूटे कब।
कच्चा इतना होता लेकिन, जब चाहो तुम छोड़ो तब।।

मानव प्रकृति की है माया, क्षर मानव अक्षर जीवात्मा।
मोह को त्यागो तत्व को जानो, परमात्मा ही जीवात्मा।।

जिन्होंने अपना अंतःकरण शुद्ध नहीं किया है ऐसे अविवेकी मनुष्य यत्न करने पर भी परमात्मतत्व का अनुभव नहीं कर पाते हैं। संसार की माया में रचे-पचे रहने वाले प्राणियों को प्रभु अपना प्रभाव और महत्त्व समझाते हुए सत्य का ज्ञान कराते हैं।

जग को जानें मन बुद्धि से, उसी से खोजें ईश्वर को।
जानें इस संसार को जिससे, जान सकें ना ईश्वर को।।

तेज सूर्य का जीवनदायी, तेज चंद्र का शीतल है।
तेज सभी पाते हैं प्रभु से, प्रभु का तेज ही सम्बल है।।

पृथ्वी की धारण शक्ति मैं, धारण करता जीवन सारा।
चंद्र की शीतल ऊर्जा देकर, पुष्ट करूं औषधि आहारा।।

जठराग्नि प्राणी शरीर में, चार तरह के अन्न पचाएं।
खाएं पिएं चाटें या चूसें, हर भोजन से पुष्टि कराएं`।।

मैं हर प्राणी के हृदय में, मैं वेदों का ज्ञान हूँ।
नाश संशय का करूं मैं, मैं ही स्मृति संज्ञान हूं।।

प्राणियों को चाहिए कि वे संसार के मायारूप को पहचांते हुए ईश्वर का महत्त्व समझें और उनका ही ध्यान लगाते हुए उन्हीं की शरण में रहें, क्योकि वे ही सृष्टि के स्वामी हैं।

उत्तम पुरुष विलक्षण हैं, तीनों लोकों के स्वामी।
उनके तेज से सृष्टि चलती, पोषित होते सब प्राणी।।

क्षर से अतीत उनको जानो, अक्षर से भी उत्तम हैं।
प्रभु जगत के जगन्नाथ, कहलाते पुरुषोत्तम हैं।।

सोलहवां अध्याय

इस अध्याय में भगवान् दैवी सम्पदा (दैवी गुणों) और आसुरी सम्पदा (आसुरी गुणों) का विस्तार से वर्णन करते हैं।

दो तरह के प्राणी होते, सृष्टि जिनसे है भरी।
कुछ में दैवी सम्पदा है, और कुछ में आसुरी।।

पार्थ सुनो और जानो मुझसे, दैवी सम्पदा के लक्षण।
धारण करके साधक जिनको, मेरी शरण में हो हर क्षण।।

भय का सर्वथा अभाव, अत्यंत शुद्ध अंतःकरण, योग में दृढ़ता, सात्विक दान, इन्द्रियों का दमन, यज्ञ, स्वाध्याय, और कर्तव्य-पालन के लिए कष्ट सहने की योग्यता, वाणी की सरलता, अहिंसा, सत्य भाषण, क्रोध न करना, संसार की कामना का त्याग, अंतःकरण में हलचल न होना, चुगली न करना, प्राणियों पर दया, सांसारिक विषयों में न ललचाना, कोमल अंतःकरण, अकर्तव्य के करने में लज्जा, चपलता का अभाव, तेज, क्षमा, धैर्य, शरीर की शुद्धि, वैर भाव का न होना और मान को न चाहना - यह सभी दैवी सम्पदा को प्राप्त हुए मनुष्य के लक्षण हैं।

योग में दृढ़ हो साधक, साहसी भयमुक्त हो।
इन्द्रियों पर हो विजयी, अंतःकरण भी शुद्ध हो।।

वाणी मृदुल जीवन सरल, सरल ही व्यवहार हो।
सरल मन हो सोच उत्तम, जीवन में सदाचार हो।।

सत्यभाषी और दयालु, ना राग हो ना द्वेष हो।
क्रोध हिंसा से रहित, कोई कामना ना शेष हो।।

विषयों में वो ना ललचाये, दान वो सात्विक करे।
कोमल हो अंतःकरण, कर्तव्य का पालन करे।।

बैर ना रखे किसी से, ना चाहे अपना सम्मान।
हो धैर्य बल से युक्त, और हो तेजस्वी क्षमावान।।

परमात्मा का ही उद्देश्य रखने वालों की दैवी संपत्ति बतलाने के बाद प्रभु अब भोग भोगने तथा संग्रह करने के उद्देश्य वाले लोगों की संपत्ति, अर्थात आसुरी सम्पदा के विषय में बताते हैं। दम्भ करना, घमंड करना, अभिमान करना, क्रोध करना, कठोरता रखना और विवेक का न होना - यह सभी आसुरी सम्पदा को प्राप्त हुए मनुष्य के लक्षण हैं। दैवी संपत्ति मुक्ति के लिए

और आसुरी संपत्ति बंधन के लिए मानी गयी है। आसुरी स्वभाव वाले व्यक्ति स्वार्थ, लोभ, क्रोध और अभिमान को लेकर किस प्रकार के मनोरथ किया करते हैं, यह आगे बताते हैं।

दैवी गुणों की सम्पदा, उत्तम गुणों की खान है।
आसुरी गुण अब सुनो, आवश्यक यह ज्ञान है।।

दम्भी घमंडी और अभिमानी, क्रोध करता है सदा।
अविवेकी व्यवहार दुष्कर, यह है आसुरी सम्पदा।।

क्या करें क्या ना करें, इसको नहीं ये जानते।
बाह्य शुद्धि न आचरण, सत्य पथ ना मानते।।

ये कहें संसार जन्मा, स्त्री पुरुष संयोग से।
बिन मर्यादा बिना ईश्वर, कामना और भोग से।।

तुच्छ बुद्धि उग्र कर्मी, नित्य रूप न जानते।
जन्म लेते नाश करने, शत्रु हैं संसार के।।

आसुरी प्रवृत्ति वाले, दम्भ और अभिमान से।
परलोक को प्रारब्ध को, ईश्वर को नहीं मानते।।

कामना पूर्ति लक्ष्य लिए, स्वार्थकर्म ये करते हैं।
जीवन बिताते हुए मोह में, जगत में विचरते हैं।।

भोग संग्रह में लिपट, वह बंद आँख जी रहे।
जगत को समझा नहीं, परमात्मा की क्या कहें।।

संग्रह करो आनंद लो, कहें भोग बिन जीवन नहीं।
सब यहीं जो दिख रहा, परलोक जैसा कुछ नहीं।।

दैवी गुण तो मुक्ति देते, आसुरी बंधन धरे।
आसुरी है कष्टदायी, दैवी क्यों चिंता करे।।

आसुरी सम्पदायुक्त मानव अपने आसुरी अवगुणों को जीवन के लिए अति आवश्यक मानने लगते हैं। बल्कि वे उन्हें अवगुण ही नहीं मानते हैं।

भोग हेतु संचय करने में, आ जाती यदि बाधाएं।
काम क्रोध का लिए सहारा, अन्यायी ये बन जाएँ।।

कैसे रहें बिना कामना, बिन कामना जीवन कैसा।
क्रोध आवश्यक सदा, इससे बनता है दबदबा।।

करें मनोरथ आजीवन यह, बस संग्रह करते जाएंगे।
आज तो इतना प्राप्त हुआ, और अधिक कल ले आएंगे।।

फलां शत्रु का अंत किया, अंत अन्य भी पाएंगे।
हम समर्थ हैं हम स्वामी, भोग भोगते जाएंगे।।

अपनी हार छुपाते रहते, कमी कभी ना बतलाते।
भय का वातावरण बना, दम्भी जीवन जीते जाते।।

हम यज्ञ करेंगे दान करेंगे, देख सभी गुणगान करेंगे।
शान हमारी देख के सारे, सदा हमारा मान करेंगे।।

मोह जाल में फंसे हुए, भ्रमित चित्त हो जाते हैं।
आसक्त रहें भोगों में वो, नरकों में गिर जाते हैं।।

कहते खुद को पूजनीय, अहंकार में अभिमानी।
यज्ञ करें बस दम्भ मात्र, यज्ञ विधि किसने जानी।।

आसुरी सम्पदा धारी कामनापूर्ति न होने पर प्रभु पर ही दोष मढ़ देते हैं।

मूढ़ घमंडी हठी आसुरी, काम क्रोध जीवन आधार।
जिस ईश्वर से जीवन पाते, दोष लगाते बारम्बार।।

तीर्थ गए और दान दिए, यज्ञ कराये कितनी बार।
मांगो तो मिलता नहीं, ईश्वर करते नहीं विचार।।

आसुरी सम्पदा धारी मनुष्यो को चेताने और उचित राह दिखाने के लिए प्रभु कहते हैं,

शास्त्रविधि बिन कर्म करे, मनमाना हो जाता है।
सिद्धि मिले ना सुख मिलता, परमगति ना पाता है।।

द्वेष भाव में जीने वाले, रखते दूषित क्रूर विचार।
खो देते मुक्ति का अवसर, असुर योनि पाते हर बार।।

दुर्भाव नहीं यदि मिट पाए, दुराचार बल पाता है।
अन्धकार में गिरता मानव, योनि भयंकर जाता है।।

काम क्रोध और लोभ ये तीनों, नरकों के दरवाजे हैं।
वशीभूत मत होना इनके, केवल पतन कराते हैं।।

इन तीनों से रहित हुआ जो, प्रभु में लगन लगाएगा।
कल्याणी जीवन को जीता, परमगति वह पाएगा।।

सत्रहवां अध्याय

पिछले अध्याय में भगवान् ने शास्त्रविधि का त्याग करके मनमाने ढंग से आचरण करने वाले मनुष्यों को सिद्धि, सुख और परमगति न मिलने की बात कही थी। यह सुनकर अर्जुन के मन में यह विचार आया कि धरती पर अधिकांश प्राणी ऐसे हैं जो शास्त्रविधि से अनजान हैं लेकिन फिर भी श्रद्धापूर्वक पूजन करते है। ऐसे प्राणियों की गति के विषय में जानने के लिए अर्जुन भगवान् से पूछते हैं,

श्रद्धा से पूजन करते जो, शास्त्र विधि को ना जानें।
कैसी उनकी निष्ठा होती, कैसा उनका पूजन मानें।।

श्रीभगवान कहते है कि शास्त्र विधि को न जानने पर भी साधक के मन में किसी न किसी प्रकार की श्रद्धा तो रहती है। मनुष्य के स्वभाव से उत्पन्न हुई श्रद्धा सात्विकी, राजसी तथा तामसी - तीन प्रकार की होती है। मनुष्यों की श्रद्धा उनके अंतःकरण के अनुरूप होती है। श्रद्धामय होना ही उनकी निष्ठाको दर्शाता है।

तीन तरह की श्रद्धा जग में, श्रद्धा जगे स्वभाव से।
सत्व राजसिक और तामसी, सुन लो तुम विस्तार से।।

मन श्रद्धा का दर्पण है, निष्ठा को दर्शाता है।
जैसी होती मन में भावना, वैसा दर्शन पाता है।।

सात्विक श्रद्धा होती दैवी, राजस तामस संसारी।
जिस गुण की है प्रधानता, उसका पलड़ा है भारी।।

सात्विक मनुष्य देवताओं का पूजन करते है, राजस मनुष्य यक्षों और राक्षसों का और तामस प्रेतों और भूतों का पूजन करते हैं। यक्ष-राक्षस देवयोनि में ही कहे जाते हैं। यक्षों में धन के संग्रह की मुख्यता होती है और राक्षसों में दूसरों का नाश करने की मुख्यता होती है। अपनी कामना पूर्ति के लिए राजस मनुष्यों में यक्षों और राक्षसों का पूजन करने की प्रवृत्ति होती है। यहाँ 'प्रेत' शब्द के अंतर्गत जो अपने पितर हैं, उन्हें नहीं लेना चाहिए; क्योंकि जो अपना कर्तव्य समझकर निष्काम भाव से अपने-अपने पितरों का पूजन करते हैं वे तामस नहीं बल्कि सात्विक कहलायेंगे।

सात्विक करें देव पूजन, यक्ष राक्षसों का राजस।
पूजन करते भूत प्रेत का, मूढ़ मति होते तामस।।

निष्काम भाव पितरों का पूजन, तामस ना कहलाता है।
कर्तव्य जान श्रद्धा से करें, तो सात्विक वह हो जाता है।।

शास्त्रविधि को न जानते हुए भी श्रद्धा रखने वालों के विषय में बताने के पश्चात अब प्रभु उन मनुष्यों की बात करते हैं जो जानबूझ कर शास्त्रविधि का त्याग श्रद्धारहित होकर करते हैं।

शास्त्रविहित हो करें घोर तप, कष्ट बदन को देते भारी।
आसक्तिवान हठी और भोगी, ऐसे आसुर निष्ठाचारी।।

यदि कोई मनुष्य किसी भी प्रकार का भजन आदि न करे तो उसकी श्रद्धा की पहचान बताने के लिए प्रभु भोजन के लिए अर्जन, भोजन की रूचि, उसे पकाने तथा उसे ग्रहण करने की विधि के अनुसार भेद बताते हैं।

तीन तरह की भोजन प्रियता, जैसा भी गुण होता भारी।
तप भी होता तीन तरह का, यज्ञ दान भी तीन प्रकारी।।

सात्विक को सात्विक ही भाता, राजस राजस को सुहाता।
जहां जहां तामस का तांडव, उसी ओर तो तामस जाता।।

आयु सत्वगुण बलवर्धक, चिकने पके और रसवाले।
आहार पाच्य और सुखकारी, सात्विक को होते प्यारे।।

कड़वे खट्टे और नमकीन, रूखे तीखे तथा गरम।
दु:ख देते रोगी कर जाते, राजस के ये प्रिय भोजन।।

दुर्गन्धित बासी और जूठा, सड़ा हुआ भोजन रसहीन।
तामस को प्रिय सदा रहे, सामिष भोजन शुद्धिविहीन।।

शुद्ध कमाई पवित्र अन्न और, स्वच्छ रसोई में बनता है।
ग्रहण करें प्रसाद बुद्धि से, वह सात्विक भोजन होता है।।

अशुभ कमाई भोगी भोजन, स्वाद भाव से उसे बनाये।
आसक्ति से ग्रहण करें यदि, वो भोजन राजस कहलाये।।

झूठ कपट और चोरी का धन, शुद्ध अशुद्ध का भाव न आये।
विधि विधान के बिना जो बने, भोजन वह तामस हो जाये।।

सात्विक भोजन राग से खाएं, राजस वह हो जाता है।
वह भोजन लालच में खाएं, तो तामस कहलाता है।।

जो मनुष्य व्यापार, खेती आदि जीविका के लिए कार्य करते हैं अथवा शास्त्रविहित यज्ञादि शुभ कर्म करते हैं उनकी स्वाभाविक रूचि की पहचान बताने के लिए यज्ञ, तप और दान के भेदों का प्रकरण आरम्भ करते हैं।

किया जाय कर्तव्य मान कर, शास्त्रविधि पालन हो सही।
फल इच्छा से नहीं किया जो, सात्विक होता यज्ञ वही।।

फल की कामना से करते, या फिर दम्भ में दिखलावा।
यज्ञ तो विधिवत हो जाता पर, यज्ञ वो राजस कहलाया।।

ना श्रद्धा ना शास्त्रविधि, मन्त्र पढ़े ना किया दान।
बोझ जानकर यज्ञ करें, ऐसे यज्ञ को तामस जान।।

तीन प्रकार के यज्ञ का वर्णन करने के पश्चात प्रभु अब शरीर, वाणी और मन के तप का वर्णन करके उनके तीनों भेदों के विषय में बता रहे हैं।

देव विप्र का पूजन करना, पालन करना ब्रम्हचर्य का।
शुद्धि अहिंसा और सरलता, ऐसे होता तप शरीर का।।

सत्य कथन हो और प्रिय वाणी, हित सबका कर जाता है।
कोमल वचन प्रभु नाम जपन, यह वाणी तप कहलाता है।।

मननशील मन हो प्रसन्न, सौम्यभाव मन पर छाये।
मन निग्रह हो शुद्ध विचार, मन का तप ये कहलाये।।

श्रद्धा से यदि करते हैं तप, मन शरीर और वाणी का।
फल की कामना नहीं रहे, ऐसा तप सात्विक होगा।।

अपने मान को करता है तप, लोगों को दिखलाता है।
नाशवान फल पाता साधक, तप राजस कहलाता है।।

तामस तप होता दुखदायी, कष्ट सभी को देता है।
हठ और मूढ़ता कारण हैं, बुद्धि को हर लेता है।।

अब भगवान् आगे सात्विक, राजस और तामस दान के विषय में बताते हैं।

सही समय हो उचित पात्र हो, उचित स्थान पर दिया गया।
कर्तव्य जान निष्काम भाव हो, दान वो सात्विक कहा गया।।

दान दिया उपकार किया, उसको व्यापार बनाता है।
ना श्रद्धा ना दान भावना, राजस दान कहाता है।।

दान बिना सत्कार दिया, ज्यों लगता कोई बोझ उतारा।
तामस दान इसे कहते हैं, समय स्थान ना पात्र विचारा।।

वस्त्र अन्न जल औषध दान, पात्र कुपात्र विचार न करना।
आवश्यकता ही देखो केवल, देश काल पर ध्यान न धरना।।

दैवी-संपत्ति धारण वाले सात्विक मनुष्य परमात्मा प्राप्ति के उद्देश्य से जो यज्ञ, तप और दानरूप कर्म करते है, उन कर्मों में होने वाली भाव, विधि, क्रिया अदि में होने वाली कमी की पूर्ति करने के लिए क्या करना चाहिए - इस विषय पर प्रभु आगे मार्गदर्शन करते हैं।

ॐ तत सत् जिन्हें बुलाते, वो ही सारी सृष्टि रचाते।
वो ही रचते वेद यज्ञ को, वो ही सारी सृष्टि चलाते।।

वेद बताएं विधि यज्ञ की, अनुष्ठान ब्राम्हण करवाएं।
यज्ञ क्रियाएं सृष्टिधारक, वातावरण को शुद्ध बनाएं।।

वेदवादी साधक जब, शास्त्रविधि से यज्ञ कराएं।
सभी क्रियाएं तपोदान की, ॐ से ही आरम्भ कराएं।।

वह तत नाम से जाने जाते, ध्यान सदा उनका ही किया है।
करो साधना त्याग कामना, सब कुछ तो उनका ही दिया है।।

सत् नाम है परमात्मा का, श्रेष्ठ भाव यह दर्शाता है।
शास्त्रोचित जब कार्य करें, सत् सम्बोधन जुड़ जाता है।।

यज्ञ तथा तप और दानरूप क्रिया में जो निष्ठां है वह 'सत्' कही जाती है, उस परमात्मा के लिए किया जाने वाला कर्म भी 'सत्' कहा जाता है।

निष्ठा से तप यज्ञ दान, सत् ही कहाए जाते हैं।
प्रभु अर्पित सारे कर्मों का, सत्फल सदा ही पाते हैं।।

शुभ कर्म किये बिन श्रद्धा के, असत् सदा हो जाते हैं।
श्रद्धा के बिन हवन दान, सत्फल कभी न पाते हैं।।

अठारहवां अध्याय

अर्जुन में संन्यास और त्याग का तत्व अलग अलग जानने की इच्छा हुई, इसलिए अर्जुन श्री भगवान से पूछते हैं,

संन्यास त्याग में अंतर क्या, केशव मुझको समझाओ।
त्याग भाव दोनों में दिखता, सूक्ष्म ज्ञान यह बतलाओ।।

अर्जुन के प्रश्न के उत्तर में भगवान् सबसे पहले इस विषय में अन्य दार्शनिक विद्वानों के मत बतलाते हैं। कई विद्वान कामना आधारित कर्मों के त्याग, अर्थात इष्ट की प्राप्ति और अनिष्ट की निवृत्ति के लिए जो कर्म किये जाते हैं, उनके त्याग को सन्यास समझते हैं। अन्य विद्वान सम्पूर्ण कर्मों के फल के त्याग को अर्थात फल न चाहकर कर्तव्य कर्मों को करते रहने को त्याग समझते हैं। कई विद्वान कहते हैं कर्मों को दोष की तरह छोड़ देना चाहिए और कई विद्वान कहते हैं कि अन्य कर्मों का भले ही त्याग कर दो लेकिन यज्ञ, दान और तपरूप कर्मों का त्याग नहीं करना चाहिए। बल्कि उनको तो करना ही चाहिए क्योंकि ये तीनों ही कर्म पवित्र करने वाले हैं। इन तीनों के करने में भी फलेच्छा का त्याग कर देना चाहिए। वास्तव में इनमें से कोई भी मत अपने आप में सम्पूर्ण नहीं है। पहले प्रभु त्याग के विषय को लेते हैं।

संन्यास त्याग के अंतर पर, विद्वानों के हैं कई विचार।
अलग अलग परिपाटी उनकी, और अलग करते प्रचार।।

कोई कहता काम्य कर्म का, त्याग ही संन्यास है।
कोई कहे कर्मफल त्यागो, वह ही सच्चा त्याग है।।

कुछ कहते कर्मों को त्यागो, वह संन्यास कहाएगा।
पर कर्म सदा होते रहते हैं, त्याग नहीं हो पाएगा।।

सब कर्मों का त्याग असंभव, बिन कर्म कौन रह पायेगा।
त्यागो केवल फल की कामना, फल तो मिल ही जायेगा।।

यज्ञ दान तप रूप कर्म का, त्याग कभी ना कर देना।
पावन होते कर्म सभी ये, काम रहित हो कर लेना।।

बिन आसक्ति कर्म करो सब, कर्म सभी उत्तम निष्काम।
इन कर्मों से समता मिलती, इनसे ही मिल जाता धाम।।

आगे भगवान कर्मों में त्याग की व्याख्या करते हैं। शास्त्रों ने जिन कर्मों को करने की आज्ञा दी है वे सभी 'विहित' कर्म कहलाते हैं। इन विहित कर्मों में से जो कर्म वर्ण, आश्रम और परिस्थिति के अनुसार आवश्यक होता है, वह 'नियत' कर्म है। नियत कर्म का त्याग करना उचित नहीं हैं। उसका मोहपूर्वक किया गया त्याग तामस कहलाता है। कर्मों को दुःखरूप मानकर और शारीरिक परिश्रम के भय से किया त्याग राजस होता है और उस त्याग का फल नहीं मिल पाता है। 'केवल कर्तव्यमात्र करना है' - ऐसा समझकर जो शास्त्रविहित कर्म आसक्ति और फलेच्छा का त्याग करके किया जाता है वही सात्विक त्याग माना गया है। विचार आ सकता है कि यहाँ तो कर्म करने की बात आई है न कि त्याग की; फिर यह 'सात्विक त्याग' कैसे हुआ? वास्तव में सात्विक कर्म में न मोह है, न स्वार्थ है, न आसक्ति है और न फलेच्छा है। इसलिए कर्ता का कुछ भी सम्बन्ध न होने से यह 'त्याग' ही हुआ। भगवान् के मत में सात्विक त्याग ही वास्तविक त्याग है।

नियत कर्म आवश्यक होते, उचित नहीं है इनका त्याग।
काम फलेच्छा सुख आसक्ति, त्यागो द्वेष व त्यागो राग।।

दुःखरूप जान श्रम के भय से, कर्मों का यदि त्याग करो।
ढोंग हुआ वह त्याग नहीं है, कर्म करो बिन राग करो।।

शास्त्रविहित कर्तव्य मान, और बिन आसक्ति किया गया।
किया गया जो बिना कामना, त्याग वो सात्विक कहा गया।।

सात्विक त्याग के पालन में, कर्म नहीं जाते हैं त्याग।
निष्ठा तत्परता से होते, विधि से होते हैं बिन राग।।

जो शास्त्रविहित शुभ कर्म फल की कामना से किये जाते हैं, तथा जो शास्त्रनिषिद्ध पाप-कर्म हैं, वे सभी अकुशल कर्म कहे जाते हैं। जो अकुशल कर्म से द्वेष नहीं करता और कुशल कर्म में आसक्त नहीं होता, वह बुद्धिमान है।

शास्त्रविहित शुभ कर्म सभी, जो सहित कामना किये गए।
और सारे वर्जित पाप कर्म, अकुशल कर्म ही कहे गए।।

अकुशल कर्म से द्वेष न हो, ना कुशल कर्म में हो रागी।
रहता हो अपने स्वरूप में, बुद्धिमान है वह त्यागी।।

प्रभु कहते हैं कि देहधारी मनुष्य के द्वारा सम्पूर्ण कर्मों का त्याग संभव नहीं है, इसलिए कर्मफल की इच्छा का त्याग ही उत्तम त्याग है। कर्मफल की कामना का त्याग न करने वाले मनुष्यों को कर्मफल तो भोगना ही होगा।

संभव नहीं त्याग कर पाना, मानव से सब कर्मों का।
कर्मों से सम्बन्ध त्याग दो, त्याग वही उत्तम होगा।।

त्यागी नहीं कामना फल की, कर्म किये बिन किये विचार।
कर्म का फल तो मिलना ही है, जीवन और जीवन के पार।।

त्याग करे जो फल की कामना, कर्म किये कर पूर्ण विचार।
कर्मों का फल कभी न पाते, जीवन और जीवन के पार।।

इष्ट सदा चाहें सब मानव, कभी अनिष्ट ना चाहे कोय।
मिश्रित फल तो सबको मिलता, जैसी प्रभु की मर्जी होय।।

जिस प्रकार कर्मयोग में कर्मों का अपने साथ सम्बन्ध नहीं रहता, ऐसे ही सांख्य सिद्धांत में भी कर्मों के साथ किंचिन्मात्र भी सम्बन्ध नहीं रहता है। कर्मों का अंत करने वाले सांख्य सिद्धांत के अनुसार मनुष्य शरीर, वाणी और मन के द्वारा शास्त्रविहित अथवा शास्त्रविरुद्ध जो कुछ

भी कर्म आरम्भ करता है उनकी सिद्धि के पांच हेतु अधिष्ठान, कर्ता, करण, चेष्टा और संस्कार होते हैं। ऐसे पांच हेतुओं के होते हुए भी जो कर्मों को आत्मा, अर्थात स्वयं, के द्वारा किया हुआ मानता है वह पूर्णतया विवेकहीन है।

कर्म सिद्धि के पांच हेतु, कर्मों के सिद्धि आधार।
अधिष्ठान करण और कर्ता, चेष्टा और संस्कार।।

मन वाणी शरीर से होता, सारे कर्मों का विस्तार।
शास्त्रविहित हों या निषिद्ध, यही पांच होते आधार।।

प्रकृति करती कर्म सभी, पांच हेतु से, ज्ञान रहे।
बिन विवेक वाले मानव, खुद को कर्ता मान रहे।।

संस्कारों से कर्म रचें, कर्मों से बनते संस्कार।
कर्म बताते हैं वृत्तियाँ, कर्म कहें मन के विचार।।

जो स्वयं को कर्ता नहीं मानता है और जिसकी बुद्धि लिप्त नहीं होती है वह युद्ध जैसा भीषण कर्म करते हुए, मारते हुए भी बंधता नहीं है। ज्ञान, ज्ञेय (जिसका ज्ञान होता है) और

परिज्ञाता (जिसको ज्ञान होता है) इन तीनों से कर्म करने की प्रेरणा होती है। जल पीने के कर्म में प्यास ज्ञान है, जल ज्ञेय है और प्यासा व्यक्ति परिज्ञाता है। करण, कर्म और कर्ता इन तीनों से कर्मसंग्रह होता है। कर्मसंग्रह में कर्ता मुख्य है।

त्यागें स्वार्थ अहंता ममता, कर्ता स्वयं को ना मानें।
धर्मयुद्ध सा कर्म हो भीषण, बंधन मुक्त उन्हें जानें।।

ज्ञान ज्ञेय और ज्ञाता तीनों, कर्म प्रेरणा बनते हैं।
कोई एक न हो तीनों में, कर्म नहीं हो सकते हैं।।

करण कर्म और कर्ता से, कर्मों का संग्रह होता है।
बिन कर्तापन कर्म करें, तो मात्र क्रिया ही होता है।।

आगे प्रभु गुणों के भेद से ज्ञान, कर्म और कर्ता के विषय का व्याख्यान करते हैं। सबसे पहले वे तीन प्रकार के ज्ञान के विषय में बताते हैं।

होता ज्ञान तीन तरह का, तीन तरह के कर्म।
कर्ता तीन तरह के होते, जानो इसका मर्म।।

अलग अलग हैं प्राणी जग में, एक प्रभु से नाता है।
ज्ञान जो देखे एक ही सत्ता, सात्विक ज्ञान कहाता है।।

सभी प्राणियों में जो देखे, अलग अलग भगवान्।
राग द्वेष आधार बने हों, ऐसा होता राजस ज्ञान।।

जो शरीर को माने सब कुछ, उसमें ध्यान रखाता है।
युक्ति रहित यह तुच्छ सोच, तामस ज्ञान कहाता है।।

अब केशव गुणों के भेद से कर्म के तीन प्रकार बताते हैं।

शास्त्रविधि से नियत कर्म हो, कर्म अभिमान न आता हो।
राग द्वेष बिन किया कर्म यदि, सात्विक कर्म कहाता वो।।

भोगेच्छा और अहंकार से, जो भी कर्म किये जाते।
श्रम आभास हो करने में, राजस कर्म कहे जाते।।

किये गए जो कर्म मोहवश, सोचे बिन परिणाम को।
बिन क्षमता हानि को बूझे, तामस कर्म हैं जान लो।।

तीन प्रकार के कर्ता का वर्णन इस प्रकार है।

कर्ता जो हो राग रहित, उत्साही और धैर्यवान।
सिद्धि असिद्धि में सम हो, सात्विक कर्ता उसे जान।।

रागी स्वार्थी लोभी कर्ता, कष्ट अन्य को दे जाता।
हर्ष शोक में लिप्त रहे, राजस कर्ता कहलाता।।

जिद्दी अकड़ू मोहग्रसित, अपकार करे उपकारी का।
रहे विषादी सदा आलसी, गुण ऐसा तामस कर्ता का।।

आगे भगवन गुणों के आधार से बुद्धि, धृति (धैर्य) और सुख के तीन तीन प्रकार बताते हैं। सबसे पूर्व वे बुद्धि के प्रकार बताते हैं।

बुद्धि धैर्य के तीन प्रकार, गुण कारण हैं करो विचार।
धैर्यवान ही बुद्धिमान है, धैर्य ही दृढ़ बुद्धि आधार।।

जो बुद्धि कर्तव्य को समझे, विहित निषिध कर्मों को जाने।
जाने बंधन मोक्ष का अंतर, उस बुद्धि को सात्विक मानें।।

ज्ञात नहीं है क्या कल्याणी, बंधनकारी क्या हो जाते।
धैर्य न हो कर्तव्य न जाने, उसको राजस बुद्धि कहाते।।

सच्चा जो संसार को माने, धर्म अधर्म को ना पहचाने।
तामस बुद्धि मोहित रहती, ईश्वर की महिमा ना जाने।।

तीन तरह का धैर्य इस प्रकार का होता है।

जिस धैर्य से होता सम मानव, मन प्राण में संयम रखता है।
संयम में जो रखे इन्द्रियां, धैर्य वही सात्विक होता है।।

धारण करे आसक्ति से, धर्म धन और भोग।
राजस होता धैर्य वह, देता दुःख और रोग।।

दुष्ट बुद्धि वाले मानव, जिस धैर्य से निद्रा में रहते हैं।
भय चिंता दुखकारी होता, तामस धैर्य उसे कहते हैं।।

आगे भगवन गुणों के भेद से तीन प्रकार के सुख का वर्णन करते हैं।

सात्विक सुख है दुखांतकारी, भक्ति बुद्धि से मिल पाता है।
आरम्भ में लगता विष जैसा, परिणाम में अमृत हो जाता है।।

विषयों में रमने से मिलता, सुख राजस कहलाता है।
आरम्भ में लगता अमृत सा, परिणाम में विष हो जाता है।।

निद्रा प्रमाद और आलस होता, तामस सुख का नाम।
जीवन भर रखता मोहित यह, ना मोक्ष मार्ग ना धाम।।

भोगा राजस सुख जीवन भर, तामस का आनंद लिया।
सात्विक सुख समझा ही नहीं, केवल दु:ख एकत्र किया।।

आसक्ति न हो सात्विक सुख में, वरना दु:ख सहना होगा।
आनंद लिया सात्विक न रहे, अभ्यास सदा करना होगा।।

सृष्टि के हर प्राणी में, तीनों गुण पाए जाते हैं।
तीनों घटते बढ़ते रहते, जग में विविधता लाते हैं।।

कोई पूर्ण पापी नहीं, ना पूर्णतया कोई पुण्यात्मा।
मुक्ति मार्ग तो एक ही, निर्लिप्त रहे यदि जीवात्मा।।

किस वर्ण के लिए कौन से कर्म नियत कर्म हैं और उन नियत कर्मों को कैसे किया जाए, इसको बताने के लिए प्रभु आगे का वर्णन आरम्भ करते हैं। ब्राम्हण, क्षत्रिय, वैश्य और शूद्रों के कर्म, स्वभाव से उत्पन्न हुए गुणों के द्वारा विभक्त किये गए हैं।

स्वभाव बने संस्कारों से, वृत्ति गुणों का मेल है।
वृत्ति से चारों वर्ण बने, गुणों का सारा खेल है।।

सदा ही मन का निग्रह करके, रखे इन्द्रियों को वश में।
शुद्ध रहे और ज्ञान को बांटे, कर्म यही हैं ब्राम्हण के।।

शांत रहे और क्षमावान हो, मन का सरल स्वभाव।
वेद यज्ञ का ज्ञानी ब्राम्हण, प्रभु में आस्तिक भाव।।

जीविका अर्जन नहीं कहा है, ब्राम्हण का स्वाभाविक कर्म।
उनकी सेवा हमको करनी, दान दक्षिणा सब का धर्म।।

क्षत्रिय का गुण शूरवीरता, तेज धैर्य और शत्रु दमन।
दान तथा शासन संचालन, क्षत्रिय के स्वाभाविक कर्म।।

वैश्य खेतिहर हैं स्वभाव से, गोरक्षक और व्यापारी।
कर्म शूद्र का स्वाभाविक है, सब वर्णों की सेवादारी।।

विपदा में तो कर सकते हैं, सभी वर्ण ही अन्य का काम।
स्वाभाविक ना होते तब भी, बनती यदि जीवन पर आन।।

हर परिस्थिति में मनुष्य को स्वधर्म का पालन करना चाहिए। अपने अपने कर्म में प्रीतिपूर्वक लगा हुआ मनुष्य सम्यक सिद्धि प्राप्त कर लेता है। यह सिद्धि मनुष्य को अपने कर्मों के द्वारा परमात्मा का पूजन करने से प्राप्त हो जाती है।

अपने कर्म निभाता मानव, सम्यक सिद्धि पा जाता है।
जानो वह विस्तार से कैसे, प्राप्त प्रभु कर जाता है।।

उत्पन्न करें जो सारे प्राणी, सृष्टि व्याप्त हो जाती है।
कर्म से उनका पूजन करके, सिद्धि प्राप्त हो जाती है।।

परधर्म चाहे हो आकर्षक, पालन की जितनी चाह हो।
स्वधर्म सदा उत्तम होता, कैसी भी कठिन राह हो।।

शास्त्रों ने निश्चित किये, वही कर्म स्वधर्म हैं।
कर्म कहे जो वर्ण निषिद्ध, वह सारे परधर्म हैं।।

सद्गुण सदाचार दैवी, स्वधर्म हैं हर हाल में।
वर्जित दुर्गुण दुराचार, हर वर्ण में हर काल में।।

सहज कर्म का त्याग न करना, दोष सभी कर्मों में होता।
कमी नहीं अपने प्रयास में, जहां आग वहां धुँआ भी होता।।

कर्मों में सुखबुद्धि नहीं हो, भोग बुद्धि से कर्म न करना।
बिना स्वार्थ के कर्म करो तो, सहज कर्म में पाप लगे ना।।

जो विशुद्ध (सात्विकी) बुद्धि से युक्त, वैराग्य के आश्रित, एकांत का सेवन करने वाला और नियमित भोजन करने वाला सांख्ययोग का साधक धैर्यपूर्वक इन्द्रियों का नियमन करके, शरीर - वाणी - मन को वश में करके, शब्दादि विषयों का त्याग करके और राग द्वेष छोड़कर निरंतर ध्यानयोग के परायण हो जाता है वह अहंकार, बल, दर्प, काम, क्रोध, परिग्रह एवं ममता से रहित होकर तथा शांत होकर ब्रम्हप्राप्ति का पात्र हो जाता है। ब्रम्हरूप बना हुआ प्रसन्न मन वाला साधक न तो किसी के लिए शोक करता है और न किसी की इच्छा ही करता है। ऐसा सम्पूर्ण प्राणियों में समभाव वाला साधक प्रभु की पराभक्ति को प्राप्त हो जाता है। ज्ञान की परानिष्ठा प्राप्त करने के लिए जिस साधन-सामग्री की आवश्यकता होती है उसके विषय में प्रभु बताते हैं।

आसक्ति रहित बुद्धि जिसकी, और शरीर को वश में किया।
लिप्त नहीं रहता विषयों में, स्वतः सिद्ध साधक वो हुआ।।

शुद्ध हो गया जो भीतर से, आसक्ति कामना जीत गया।
कुछ भी पाना शेष न हो, ऐसा साधक ही सिद्ध कहा।।

बुद्धि सात्विकी स्पष्ट विवेक, धैर्यवान और वैरागी।
इन्द्रिय नियमन में सक्षम, एकांतभाव का अनुरागी।।

वाणी मन शरीर हों वश में, राग द्वेष का त्याग करे।
सदा ध्यान में मगन रहे वो, विषयों में वैराग रहे।।

ज्ञानयोग का साधक ऐसा, क्रोध विजय कर शांत रहे।
अहंकार बल दर्प त्याग कर, ब्रम्ह प्राप्ति का पात्र बने।।

ब्रम्हरूप ऐसा साधक जो, इच्छा रखे ना शोक धरे।
समभाव रखे हर प्राणी में, पराभक्ति को प्राप्त करे।।

पराभक्ति से जानो मुझको, तत्वज्ञान पा जाओगे।
जानोगे अपने स्वरूप को, मेरे धाम आ जाओगे।।

पूर्णतया मेरा आश्रय ले, सारे कर्म निभाता है।
कृपा से मेरी ऐसा साधक, प्राप्त मुझे कर पाता है।।

प्रभु अर्जुन को कहते हैं कि सम्पूर्ण कर्म मुझमें अर्पण करके मेरे परायण होकर समता का आश्रय लेकर निरंतर मुझमें चित्त वाले हो जाओ तो विघ्नों से तर जाओगे। और यदि अहंकारवश मेरी बात नहीं सुनोगे तो पतन ही पाओगे।

मुझे कर्म अर्पित कर सारे, मेरी शरण में आओ तुम।
चित्त को भ्रम से हटा धनंजय, मुझमें चित्त लगाओ तुम।।

मेरा ध्यान कर कर्म करो, विघ्नों से तर पाओगे।
बात सुनी ना अहंकारवश, पतन मार्ग पर जाओगे।।

अहंकार का आश्रय लेकर जो कह रहे हो कि युद्ध नहीं करोगे यह संभव नहीं है क्योंकि तुम्हारा स्वभाव (क्षात्र धर्म) तुम्हें युद्ध में लगा ही देगा। ईश्वर सभी प्राणियों के ह्रदय में रहते हैं और अपनी माया से शरीररूपी यंत्र पर आरूढ़ होकर सभी प्राणियों को उनके स्वभाव के अनुसार भ्रमण कराते रहते हैं। हे अर्जुन, उन्ही ईश्वर की शरण में चले जाओ।

कर्मों को करना ना करना, दोनों कर्म कहाते हैं।
प्रकृति से जुड़ कर्मों से, मानव छूट न पाते हैं।।

मैं मेरा में फंस कर मानव, स्वार्थ संचालित होता है।
भव सागर में डोलता रहता, हँसता और कभी रोता है।।

धर्मयुद्ध से भाग रहे तुम, ये अहंकार है विवेक नहीं।
पार्थ ये मिथ्या निश्चय त्यागो, स्वभाव तुम्हें लाएगा यहीं।।

सर्वभाव से मेरी शरण लो, कृपा पात्र बन जाओगे।
परम शांति मिल जाएगी, अविनाशी पद पाओगे।।

शरणागत होने पर होता, कर्म चयन अधिकार नहीं।
जो कुछ मैं करवाऊं तुमसे, तुम बस करते जाओ वही।।

शरणागति का गहन ज्ञान, मैंने कहा तुमने सुना।
बूझो तुम अपने विवेक से, अब क्या है आगे करना।।

गोपनीय और उत्तम ज्ञान, फिर कहता हूँ ध्यान धरो।
परम मित्र तुम पार्थ मेरे, हित होगा पालन जो करो।।

बनो भक्त तुम मेरे पार्थ, मेरी शरण में आ जाओ।
मैं कहता जो तुम वो करो, मेरे धाम को पा जाओ।।

शरणागत हो जाओ मेरे, कर्मों का फल वहन करूंगा।
धर्म अधर्म की चिंता छोड़ो, सब पापों से मुक्त करूंगा।।

भक्ति विरोधी प्राणी को, यह गहन ज्ञान नहीं कहना है।
दोष दृष्टि जो रखता मुझमें, या जिसको ज्ञान नहीं सुनना है।।

पात्र नहीं कुपात्र हैं ये सब, ग्रहण नहीं कर पाएंगे।
अज्ञानी करते हैं निरादर, पतन मार्ग पर जायेंगे।।

पराभक्ति से यह संवाद, जो भक्तों को सुनाएगा।
सत्य अटल संदेह नहीं, प्राप्त मुझे हो जायेगा।।

श्रद्धा से और दोषरहित हो, जो श्रवण करे संवाद को।
पृथ्वी लोक से वह जीवात्मा, शुभ लोकों को प्राप्त हो।।

सावधान हो वचन सुने सब, कहो धनंजय कह जाओ।
अज्ञानजनित वह मोह तुम्हारा, नष्ट हुआ क्या बतलाओ।।

प्रभु के प्रश्न के उत्तर में अर्जुन कहते हैं,

मोह गया प्रभु कृपा आपकी, अपना स्वरूप मैंने जाना।
शंकारहित हूँ शरणागत हूं, आज्ञा दें प्रभु क्या करना।।

www.ingramcontent.com/pod-product-compliance
Lightning Source LLC
LaVergne TN
LVHW070531061026
849580LV00018B/2491